儿童青少年
社交心理学

荣文婷◎著

西苑出版社
XIYUAN PUBLISHING HOUSE
·北京·

图书在版编目（CIP）数据

儿童青少年社交心理学 / 荣文婷著 . -- 北京 : 西
苑出版社 , 2020.12
ISBN 978-7-5151-0781-3

Ⅰ . ①儿… Ⅱ . ①荣… Ⅲ . ①心理交往－儿童教育－
家庭教育②心理交往－青少年教育－家庭教育 Ⅳ .
① B844 ② G782

中国版本图书馆 CIP 数据核字 (2020) 第 195034 号

儿童青少年社交心理学
ERTONG QINGSHAONIAN SHEJIAO XINLIXUE

责任编辑　汪昊宇　刘　崴
封面设计　张合涛
出版发行　西苑出版社 XIYUAN PUBLISHING HOUSE
地　　址　北京市朝阳区和平街 11 区 37 号楼 邮政编码：100013
电　　话　010-88636419
印　　刷　旭辉印务（天津）有限公司
经　　销　全国各地新华书店
开　　本　880mm×1230mm　1/32
字　　数　178 千字
印　　张　8.25
版　　次　2020 年 12 月第 1 版
印　　次　2021 年 1 月第 1 次印刷
书　　号　ISBN 978-7-5151-0781-3
定　　价　49.80 元

前言
Preface

我是个内向的人，从小就是。特别是有了外向的孩子做对比后，我更能看清自己是有多内向。从怀孕起，我就能感受到这个小生命的活力——在肚里子的他活泼好动、一刻不停歇，超声检查做了三次，才拍到他顽皮地举着手、蹬着腿的照片。

出生 1 周左右，他的小嘴就喜欢发出嘟嘟嘟的声音，举着小手，跟我们交流。几个月大时，我推着他走在路上，他见到喜欢的人，就会发出呜呜的声音，挥着小手，示意我们凑上前去。这时，他就会娇羞地笑一下，然后一边伸出他的小手，一边发出咿咿呀呀的声音与人搭讪。再大一点儿，他玩得高兴、吃得开心时，会发出兴奋的尖叫，会开心地到处爬来爬去，或者跑、跳，见到人就会主动招手、打招呼、微笑……

而这些我至今都做不到。我能回忆起来的童年，都是安静的、缓慢的、独自一人的，如安静地弹琴、画画、过家家、看电视。6 岁前，我没有去过幼儿园，一直跟着姥姥长大。姥姥很爱干净，又把我照顾得很仔细，所以，我也很少在院子里跟其他小朋友玩，除了自家的表妹，没有玩伴。我就读的小学是全市最好的学校，班级又是学年最好的班级，我们班有 80 多个孩子。而我的小学生活却是寂寞的，甚至是孤独的。最深的记忆，就是我一个人无所事事地站在操场上，周围是同学们互相打闹的热闹的、熙攘的场景。我感觉很紧张，想加入他们，却又不知该如何开口；我感觉很窘迫，因为只有我一个人被孤立在这硕大的操场上。这个场景久久地封存在我的记忆里，甚至是出现在梦里。

我的妈妈很爱我，对我照顾得无微不至。她看出我性格中的敏感、内向、软弱的部分。她也跟大多数家长一样，生怕孩子“性格不好”“胆小”“不合群”；她很担心我会因为性格内向而不够优秀，因为胆子小而错失机遇，因为敏感而脆弱得不堪一击。在那个封闭的、知识匮乏的年代，她用本能且直接的方式抓住一切机会来锻炼我的表达能力、沟通能力，希望不断增加我的勇气，让我外向一点儿、开朗一点儿，更像别人家的孩子一点儿。

比如，自我从有记忆起，妈妈就告诉我：遇到邻居或者认识的人要微笑地打招呼。而我也从小为了“达到”妈妈的要求，叫着叔叔好、阿姨好。我很小开始学钢琴，不断参加演出、比赛，这些都是希望能锻炼我的胆量。妈妈还会要求我去竞选班级干部，参加学校的各类活动。所以我从小学就在班级担任班干部，一直到我大学毕业，我仍是学校各类演出队伍里的常客。在她不断的督促和提醒下，我也成了同学和家长嘴里的“别人家的孩子”，那个笑容明媚、开朗活泼、落落大方、知书达理的孩子。我的朋友也多了起来，他们个个伶牙俐齿、能说会道。

然而，这种本能且直接的方式并没有带给我愉悦，只有我自己知道，那并不是我，那是妈妈期待的我，那是别人眼里的我。我仍然会为了躲开邻居宁可多等一部电梯，为了打一个电话而焦虑一上午，上台前会紧张到尿频。我仍感到孤独，虽然我并不缺少朋友，也被很多人喜欢，但他们从未见到那个真实的我。我担心那个真实的我被那些有魅力的朋友嫌弃。

我时常感到有两个小人儿在我的头脑中打架。虽然那个被否定、被指责、被深藏在内心深处又内向的我一直被压抑，但它却被这些负面的内容滋养着，生机勃勃地长大了，跃跃欲试要与那个精雕细琢的、外在的我发起挑战。这些纠结一直困扰我，我一直想找到答案来解决自己的问题。所以，一个理工科出身的我，自学了心理学、教育学，我渴望找到自己成长中的漏洞，并修正它们。

然而，这也是我的执着，就如妈妈期待我成为外向的孩子一样。并不是所有的问题都有答案，并不是所有的漏洞都可以找到并且被修正。这与追求完美的人生一样，是一种执着的追求。或许唯一的方式，就是看见它，然后接纳它。真实的自己，没有办法改变，也没有必要去改变。那就是我们本来的样子，独一无二的那个我。我开始学会看见自己，看见那个被自己层层包裹起来、藏到最深处的内向的自己，并学着欣赏它、接纳它，与它和解。并不是我会被朋友嫌弃，嫌弃我的不是别人，正是我自己。

我们习惯了千军万马走独木桥的模式，才会为孩子的不一样而担忧、焦虑。我们太执着于追求一样的优秀，而忽视了不一样的美好。夏日美好，可烈日炎炎，太阳也会灼伤皮肤；冬季萧条，但白雪皑皑，瑞雪也预示着丰收。作为家长，我们能做的更像是一个引导者。我们需要放下焦虑，因为任何的焦虑都是自己内心不自信的映射。作为家长，我们更像一个园丁。我们播下了种子，可以细心地照料它们，为它们提供好的生存环境，替它们遮风挡雨，让它们安全地长大，但是我们无法改变它们，或者说我们最好是接纳它们本身的样子，一味地“强扭”“拔苗”“嫁接”，最后受伤的还是孩子。

作为家长，我们想帮助孩子提高社交能力，让他们在人生的道路上更一帆风顺、更幸福。的确，社交能力的提高可以有很多的原则、方法，我们可以教孩子如何更有礼貌、更有情调，如何谈吐自如，如何拥有“高情商”，教孩子怎么做才能更受欢迎，如何克服自己的胆怯、娇羞……然而这些毕竟都是“术”，如果我们一味地追求“术”，恰恰犯了“本末倒置”的错误。

太多的条框、技巧只会将孩子的本真束缚。作为家长，我们应该做的是去积极地看见我们的孩子，用爱去接纳我们的孩子、用爱去滋养他们的内心，让他们在关注中绽放自己，将孩子的精神从条框中解放出来，才能够让孩子真正地成长为他们自己的样子，才能不断地发生生命的奇迹。他们的本真是那样纯粹、坦诚、善良和充满爱，而这些才是人际交往的核心。

至于这本书，我更想称为一本“参考书”，书里将孩子在社交方面遇到的问题加以呈现，我只是充当一个知识的整理者，将我多年阅读、学习到的心理学家、教育学家的思想、观点，遴选、整理、呈现给各位家长，希望可以帮助家长看到不同角度的观点、听到不同方面的声音。我还是一个分享者——将我多年来，遇到的与孩子社交有关的事件、情景加以描述，呈现给各位家长，把经验、感触和收获与各位家长分享。

目 录
Contents

第三章　学校：丛林里的生存法则

第四章　性格与社交

第一章

抓住孩子社交发展的关键期

第一节　冲你微笑：婴儿期的社交

如果认为，孩子在短暂的婴儿期是没有社交的，我认为这并不准确。

如果认为，孩子的社交能力要从 0 岁开始抓起，这样略带焦虑的论调，我也并不赞同。

社交是一个自然的过程

社交是一个自然而然的发展过程，是孩子与生俱来的能力。从孩子出生的一刹那起，他就在用哭来与这个陌生的世界沟通。他饿了会哭，然后得到妈妈的乳汁；他困了会哭，然后得到父母的爱抚；他无聊时也会哭，然后得到亲人的安慰。然而这一切，都是这个小婴儿自然行为引发的。

当孩子开始吮吸的那一刻，他就开始学着跟妈妈交流了。如果有哥哥姐姐的话，那么这个小孩子的社交圈将多达 3 人以上。经过一段时间的成长，我们会惊喜地发现，他饿的时候会找妈妈，想出门玩的时候会去找经常陪伴他的人，可能是爸爸、妈妈，也可能是奶奶、哥哥。多么精明的小社交达人！

社交性微笑

如果我们观察孩子，就会发现他们是天生的社交家。他们在出生不久，当视力逐渐从模糊变得清晰时，就开始观察周围发生的一切了。他们开始对光亮产生莫名的兴趣，并且咿咿呀呀地发出声音，在6～8周时，这些可爱的小天使会展露出他们的第一次社交性微笑，这是新手父母最期待的一个时刻，这也意味着孩子的大脑发育进入了一个新的阶段。这种社交性微笑与新生儿刚出生时展露出的自发式微笑有所不同。最初的自发式微笑并不是孩子内心情绪的表达，更接近一种自然的条件反射。

那么，父母应该如何鼓励孩子开始第一次社交性微笑呢？鼓励孩子微笑，对孩子建立自信和自尊的发展有着重要的、积极的作用，这会让他们感受到自己的能量、感受到自己的存在，让他们意识到自己的感觉的重要性，对于他们的大脑发育有很大的帮助，所以，父母不妨多尝试让可爱的孩子笑起来吧！

譬如，我们可以选择在孩子吃饱、睡好时，来进行这项活动（饥饿的孩子或者已经困了的孩子可不适合这项活动哦）。同时，父母放松的心态也很重要，因为孩子会感受到父母的情绪。将孩子紧紧贴在怀中，尤其是2个月之前的孩子视力范围在15～30厘米内，视力还没有发育很好。所以，爸爸妈妈就在这个范围内，多冲着自己可爱的孩子展露出最灿烂的笑容吧！注视着你的孩子，微笑着跟他热情地打个招呼！

如果我们在经常尝试后却没有收到孩子微笑的回馈，不要太着急，多给孩子一些时间，或许有的时候，孩子会在不看着你的时候偷偷地笑起来，这是他在用自己的方式来避免这些外来的世界对他小世界的刺激。如果我们的孩子是早产儿，那么还需要再给他几周甚至一个月的时间。在此期间，父母仍然可以经常对孩子微笑，相信我们的孩子很快就会赶上来！

积极表达的重要性

积极表达是孩子社交的基础，也是我们最该鼓励孩子的行为之一。

科学家认为，孩子在出生前就开始接受社交暗示的影响，他们可以在子宫里辨别妈妈的声音。也有研究表明，父母和孩子多进行互动可以帮助孩子提高语言发展能力。如果父母经常对自己所做的事情进行叙述，那么这对孩子的语言能力和认知发展都很重要。

总之，我们的孩子从出生起，就开始了他们的观察之旅。他们认真观察周围发生的一切，并且随时做出反应，譬如，发出咿咿呀呀的声音，向爸爸妈妈挥手示意，微笑、哭泣……这都是孩子在语言能力没有发展之前，用他们自己的方式表达自己的情绪。

这是一个很好的情绪流动和交流的时机，父母要把握住孩子的信号，对孩子的表达积极进行回应。父母要多用正向的词语来回应孩子。这样反复、正向地刺激会让孩子乐此不疲地持续下去，同时，积极的话语也是在潜移默化地让孩子学习积极的表达方式，有助于帮助孩子在未来学会积极表达、乐于表达。

婴儿期的社交活动

除了满足他们的胃口、安顿好他们的睡眠，孩子也是需要社交活动的。

家庭是社交的第一场所。孩子不断地和环境交互，社交就在不断地发生。他们通过观察和模仿不断地了解周围世界的运作方式。他们像海绵体一样，全部吸收他们看见的、听到的、感受到的新内容，而这些大多来自他们的照料者和陪伴者，也就是父母。所以，有一种说法是父母是最好的社交模板。虽然这句话可能会给我们的家长带来很大的压力，但是不得不说，这句话的确有它的道理。

带孩子走出家门。走出家门并不意味着要去旅行，对孩子来说，这个世界的一切都对他充满着吸引力，哪怕是家门口的石头台阶。在天气晴好时，推着孩子出门走走，会发现孩子变得异常安静。他可以一路一言不发安静地坐在孩子车里，这并不奇怪，这是他学习的过程。特别是在街上出现其他儿童时，你会发现这个小家伙整个人都精神起来，甚至已经推过去很远，他还会扭过身，去观察那个跟他类似的小人。这种隔空的交流，对他来说也是一次社交，他们通过彼此的观察来完成。

在北美，家庭和社会都很重视孩子从孩子起一直到成年的社交活动。譬如在加拿大，他们会以社区为单位，用一些公共的环境（如图书馆、活动中心）来组织这个区域的家长和孩子在一起活动。活动场所里免费提供大量的书籍和玩具，每个场所都配有咨询人员、指导人员供父母咨询。每天在不同时段，会有针对不同年龄阶段的孩子的活动，让孩子可以坐在一起，互相关照。

在加拿大，孩子在 4 岁以前是没有公立幼儿园的，私立的托儿所数量有限，所以，大多数妈妈都在家全职带孩子。社交活动不仅仅是对孩子，对全职在家的妈妈也是一个很好的出门交友的机会。这种以社区为单位的社交，对孩子后续的发展也有一定的好处。它会让这个区域的孩子从婴儿期开始认识、熟悉，直至他们成年。加拿大采取就近入学的制度，在一个社区的孩子，如果不选择私立学校，那么他们将从 4 岁开始一起上幼儿园，直到 18 岁高中毕业。

组织一次妈妈们的聚会。妈妈的心情对婴儿期的孩子有着极大的影响。所以，在繁忙地照料孩子的时期，妈妈们如果整日待在家里，完全与世隔绝，也不见得是件好事。妈妈们的正常社交，对孩子来说也是一次学习的机会。妈妈们可以约上几个朋友，带着孩子聚在一起。可以在户外活动，也可以是家里的下午茶。妈妈们围坐在一起，孩子互相陪伴。这时，大孩子的行为会让小孩子迫不及待地想去模仿学习，而对大孩子来说，陪伴小孩子，和小孩子一起玩耍，也是一种社交能力的培养。

托儿所的社交。如果家里没有人能够照顾孩子，可能婴儿期的孩子就会有去托儿所的社交机会了。在加拿大，最小的私人托儿所可以接收 8 个月的孩子（甚至可能更小）。在此情况下，家长首先要避免孩子会受到太大的社交压力。陌生环境、陌生人的出现，熟悉照顾者的缺失，对几个月大的孩子来说是一种巨大的压力。孩子会出现哭闹不止的现象，家长不能操之过急。如果可能的话，家长可以考虑在托儿所陪伴几天后，让孩子熟悉这个新的环境后，再逐渐地离开。同时，托儿所照顾的人员对孩子社交能力的发展也有很大的影响。研究表明，照顾人员对孩子的需求反应越灵敏，对孩子的社交能力的发展就越有利。

总之，这个小生命就这样开始了他在这个星球上的奇妙之旅，任何的社交机会，对我们这个充满好奇的孩子来说都是有益无害的。家长大可放心地带着孩子一起开启旅程吧！

第二节　自我意识的觉醒：敲响社会性的前奏曲

当孩子懂得拒绝的时候，我们应该感到高兴，这是孩子社会性美妙的开始。

当孩子呱呱坠地，代表着一个生物的降临。而当他 1 岁左右开始表达自我的时候，才是人类的诞生。

新生儿出生后，他们并没有“我”“你”“他”的概念，他们甚至都不知道自己的样子。在这段自我意识并没有形成的时期，他们通过不断和外界环境交互，通过这些与人或物互动、碰撞的过程，他们的自我也逐渐形成了。

自我意识并非与生俱来

自我意识的发现，并非一蹴而就，而是一段相对漫长的时光。这些可爱的孩子出生时，并不知道自己的样子。在刚出生 1 个月里，他们通过模糊的视力，逐渐地发现了自己的手，他们通过吮吸、触摸，不断地认识自己的手，并让它们逐渐变得灵活和有知觉。在后续的日子里，他们逐渐发现了自己还有脚、眼睛、鼻子、嘴巴、耳朵。他们开始发现镜子里的自己，开始对着镜子咯咯地笑，仔细端详自己的五官，观察自己的动作，甚至会冲着镜子里的自己亲上一口，这些看起来有些自恋的行为，都是孩子在逐渐认知自己的过程。有研究表明，孩子真的可以认出镜中的自己需要等待 1 年以上，一般是 18 ～ 24 个月以后。有学者做过实验，如果在孩子的脸上涂抹一点儿颜色，再将他们领到镜子前，较小的孩子是没有办法认出自己的，只有 18 ～ 24 个月大的孩子，才能够发现自己脸上的颜色，实际上在这时，他们才能真正地认出镜子里的自己。

“不”是自我意识的表达

当孩子处于婴儿期，还不会说话时，孩子用拒绝的行为、愤怒的表情在表达“不”的含义，用身体的拒绝与外部的环境不断碰撞。孩子开始说“不”的时候，并非是孩子自我意识的觉醒，在我看来，孩子的自我意识萌发得要比我们认为的更早一些。他们在不想吃奶时，会扭着头，把妈妈的乳房或者伸过来的奶瓶拒之嘴外；他们在不想换衣服时，会愤怒地瞪着眼睛，用表情来表达他们的不满意；他们在不想离开时，会用手不断地推开妈妈的拥抱，用行为在表达他们还想待一会儿的愿望。

这些行为都是他们本能地在表达自己的过程，是自我意识的萌芽期。当孩子语言能力逐渐变强，“不”的出现，也代表着他们真正意义上的诞生，这通常发生在 1 ～ 2 岁。他们具有极强的好奇心，他们四肢变得越来越有力量和越来越灵活，他们渴望去探索更广阔的天地，他们热衷于探险。虽然他们口齿不清，但是他们已经迫切地想要通过与环境的碰撞来认知自己了。这种碰撞，有时我们也称为幼儿期的反抗、“可怕的 2 岁”……然而也正是这样的过程，让孩子逐渐地找到了自我。

自我意识与社交的关系

自我意识与社交相互交叠着、相互促进着发展。自我意识的发展，并不是一朝一夕的，它将伴随着孩子成长的整个过程，幼儿期的叛逆仅仅是孩子自我意识发展的开始，是社会化的一个前奏。随着孩子的成长，他们需要不断地建立自我和客观世界之间的关系，逐渐地形成一个立体化的、丰满的自我。

在这个自我认知形成的过程中，也是孩子逐渐与人建立关系的过程。他们通过不断地与人交往，通过对方的反应，逐渐了解自己是一个怎样的人。就如照镜子般，在与人交往中，他们逐渐了解自己需要什么，自己想要怎样。这不仅仅是外在形态上的，更是一种社会层面的意识，即孩子在他们所在的社会层面上，通过不断地与同辈之间的交互，了解自己在群体中的地位、作用，评估自己的能力、感受社会关系、形成个人体验，再次促进自己的认知。

但是这个过程并不是一帆风顺的。我们后面章节也将详细说明，孩子在青春期时，他们强烈地渴望成人的欲望，将会把他们之前对自己的认知全部推翻重建，这个过程是他们对自己再认知的过程，也是同一性建立的过程。

幼儿期的自我意识

对幼儿期的孩子来说，他们正处于自我意识的初建期。在他们意识到自己的存在之后，他们便开始考虑自己是谁，是怎样的人，然后开始划分出“你”“我”“他”的概念，逐渐将自己和他人区分开来。

在获得这种自我认知之后，他们的社交技能和交际能力也快速地发展起来。他们开始懂得自己和同伴之间的区别，他们开始懂得合作、懂得自己和他人之间的差异，他们开始在模仿同伴的过程中获得极大的乐趣。他们也开始比较，逐渐了解自己在他们社交范围内的地位，这种地位会给予成就感，为他们后续自尊的形成构成了前期的铺垫。

家长能做些什么

显然，自我意识顺利的发展对孩子的社交有着正向的帮助。那么作为家长，对待幼龄孩子的自我探索可以做些什么呢？

孩子早期的自我意识（0～9个月）。正如我们前面提到，婴儿期的孩子甚至都不知道自己是存在身体的，他们要3～4个月之后，才会发现自己竟然是有脚的。这个发现对他们来说是极大的惊喜。他们会不断地用手去抓自己的脚、啃手，甚至揪自己的生殖器。这时，对家长来说，在保证孩子不会抓坏、啃坏自己身体部位的前提下，就让孩子放开玩吧！此刻，他们的身体就是最好的玩具！

孩子晚期的自我意识（9 ～ 12 个月）。这个时期孩子自我意识的发展主要在对整个肢体的调动上。他们越来越灵活，越来越感受到自己身体可以爆发出来的能量。这个时期的代表动作就是扔东西。他们在反复扔东西的过程中，感受东西和自己的关系，逐渐将物品和自己区分开来。在扔的过程中，他们逐渐确定自己的能力——我可以扔它们！竟然还扔得这么远！我太棒了！

对于这个时期的孩子，他们可能会用行为不断挑战家长的底线。除了扔东西，还有很多行为，如开关门、敲击物件、开关柜、开关、水龙头、捏烂食物……家长需要意识到，这些行为并不是孩子在故意调皮，这是他们在了解事物之间的因果关系、逐渐感受自己的能量、不断去证实自己动作和动作产生的结果之间的关系。如果我们可以理解孩子的这些行为，下一次再看到他们把东西狠狠地扔到地上时，就会心平气和了吧！

幼儿早期的自我意识（1 ～ 1.5 岁）。这段时期的孩子更加可爱了。他们开始咿咿呀呀地说话了！语言能力的到来也是他们自我意识飞速发展的时期。他们开始可以把自己和他人区分开了会清晰地说出“这个是孩子的”类似的话，这说明他们已经开始有了明确的自我存在感。

幼儿晚期的自我意识（1.5 岁以后）。这是幼儿自我意识真正形成的时期。他们可以真正懂得“我”“你”“他”的含义，开始说“我要……”“我是……”，这是他们对自我存在感的一种需求的表达。这时，家长用“你……”这样的语句来反馈孩子，是对他们自我需求的一种正向反馈，帮助孩子满足他们的自我内在需求。

2岁以后，他们还开始用“不”来表达自己的意愿。这是著名的“2岁逆反期”，也叫“可怕的2岁”。在孩子说出“不”这个字时，他们感受到这个字带给他们的能量——拒绝的能量和勇气。这让他们感觉非常好，他们非常喜欢这种独立思考和独立做主的感受。所以，当遇到家长的要求时，他们会用“不”来感受这种能量，他们甚至会沉迷于“不”带来的能量中不可自拔——不断地拒绝家长的要求。

面对这个时期的孩子，家长可谓是苦恼不已。但是这就跟孩子长个子、长牙齿、长体重一样，叛逆是孩子心理上的一次成长，想到这里，爸爸妈妈会不会感觉更能接受一点呢？其实这个时期的叛逆，作为家长，越是强加限制，越容易激发孩子的叛逆和执拗，同时也是对孩子自我成长的一个打击，不利于他们未来的自信、自尊的建立，不利于他们对不良情绪的疏导，不利于他们情绪的表达，而这些都是社交关系中的重要组成部分。所以，面对叛逆的孩子，我们还是要“大人不跟小人儿一般见识”，给他们一点儿时间，让他们自己消化一下情绪；给他们一点儿空间，他们自己会找到新的事情忙碌起来，很快就把这个执拗的点抛在脑后了。

总之，自我意识的出现是孩子成长过程中的一次飞跃，家长，你们做好准备了吗？

第三节　乐于分享：亲社会属性带来友谊

“我想玩这个！”

“不给！”

“那我不跟你好了！”

这是两三岁小朋友之间很容易出现的对话。对幼儿来说，分享可以给他们带来最简单、最直接的友谊——一起玩游戏的玩伴。那么对幼小的孩子来说，分享的行为是如何发生的呢？为什么有的孩子不喜欢分享？我们如何培养孩子乐于助人、乐于分享的亲社会行为？这是本节我们要一起探讨的内容。

分享行为不是与生俱来的

首先我们需要明确，分享行为并不是孩子生下来就具有的一种行为能力，而是一种习得性的行为，需要孩子通过观察、模仿或者需要在一定的要求下才能够逐渐形成的一种行为方式。所以，当我们看到孩子拒绝分享时，不要太灰心，经过一段时间的引导，孩子是可以形成这种亲社会行为的。

有研究表明，两三岁的孩子还是很难做出分享行为的。只有当成年人提出要求、教育孩子要有分享行为，或者孩子的同伴主动要求或者强迫他们做出分享行为时，如“如果你不给我，我就不跟你做好朋友”，分享这种友善的亲社会行为才会发生。

在孩子 2.5 ～ 3.5 岁时，有研究者通过观察发现，这个年龄阶段的孩子会通过假装游戏中的分享行为感受到助人的满足感，但是现实中，他们还需要一定的时间来巩固这种行为。对于 4 ～ 6 岁的孩子，他们已经可以在更多的真实环境中表现出助人的分享行为，而不是在游戏里。这是孩子的一个成长变化。

为什么孩子不愿意分享

强制的分享会减少分享行为的幸福感。显然，分享行为有助于孩子，特别是幼龄孩子的社交，会让孩子获得玩伴，也会让孩子感受到分享的乐趣和满足感。心理学家始终认为，比起拥有，人们更喜欢给予。但是也有研究表示，刻意要求的分享，可能会降低分享的幸福感，从而影响分享行为的发生。自愿地分享让人快乐，义务地分享让人想逃。

当我们感受分享的快乐时，这种满足感会给予分享这种行为正向的强化。但当我们是因为责任、义务或者压力而不得不分享时，这些压力会给分享行为带来负面的影响。

心理学家对于一组学龄前儿童进行了观察实验。他们选择 3 岁和 5 岁这两个年龄阶段的孩子，并将他们分为两组，一组是自愿共享小组（即孩子因为愿意分享而分享）；一组是责任共享小组（即孩子因为义务而分享）。通过比较他们的共享行为和面部表情后，心理学家得出了这样的结论：无论是 3 岁还是 5 岁的孩子，自愿共享小组的孩子出现的分享行为比责任共享小组要多，而且责任共享小组带给孩子的快乐要少于自愿共享小组。自愿共享小组的孩子在自愿送出自己的贴纸（实验道具）时，脸上表现出更大的幸福感。实验表明，期待很小的孩子在压力下快乐地分享是很难的。

但是从另一个层面来看，这个实验也有它的局限性，因为我们并不能完全排除社会规范对孩子的影响，这也会对孩子产生心理压力。

孩子还需要时间。每个孩子都有自己的成长节奏，我们已经心平气和地接受孩子身体发育的节奏，如长牙、翻身、站立、独立行走……我们也需要接受孩子心理发育的节奏，如不那么情愿地去分享。

孩子不想分享，不代表孩子自私或者家庭教育有纰漏，更多的情况是，孩子的心理状态还让他们更多地在关注自己的想法和感受，他们还不能够接受去体谅别人的感受，甚至有时需要牺牲他们的利益，分享这种行为对这些孩子来说，太难了！

据调查，在有 0 ～ 3 岁孩子的家庭中，有 43% 的家长认为自己的孩子应该在 2 岁左右就可以理解并做出分享的行为，但实际上，这是家长一厢情愿的想法，分享的行为一般会在 3.5 ～ 4 岁时出现。所以，并不是我们的孩子成长得迟滞，更多时候只是家长的期待有些早！

作为新手家长，我们很怕孩子的发育滞后于平均值，我们阅读书籍、查阅网络，不断获取与孩子成长节奏相关的资料，这些资料因为互联网的存在而越来越容易获得，且越来越需要质疑。我们总在关注孩子是不是按照那些被反复强调的“研究出来的日程”成长着。但实际上，心理学虽然是科学，但是人类的大脑，特别是孩子的大脑，始终是一个黑箱，任何的科学研究在人类大脑面前始终是盲人摸象——至今没有一个科学研究成果可以清楚地回答出孩子的大脑到底在想些什么。更多时候，我们是基于大量的调查研究、仿真模拟或实验而得出结论。这些结论只代表一种研究观点，而并不代表绝对的正确。

所以，在我们面对孩子时，我们更该去关注孩子当下的反应、感受、情绪动态，去关注孩子自己本身的成长节奏，我们可以去参考那些资源，但更多时候，我们应该去相信自己的孩子。

分享是一种复杂的行为。我们很难去感同身受一个玩具熊对孩子来说意味着什么。孩子可能会因为想“讨好”我们，做出一些分享行为，但这并不是我们期待的分享。我们期待的分享，是孩子自愿发生，并且从中获得幸福感和满足感的行为。这种分享行为的发生也并不容易。

孩子要理解一些基本概念。正如我们第二节提到，孩子在幼年时期还没有完全形成自主意识，他们还分不清自己和他人，仍然认为世界是围着自己转的，他们需要什么，马上就会拥有，所有的东西都属于他们。在这样的情况下，他们怎么可能理解把自己的东西给他人的行为呢?

孩子还没有时间概念，对他们来说，失去就代表着永远失去，离开就代表没有了。我们跟孩子说，把熊给小朋友玩一会儿吧。他们很难理解一会儿是什么意思，一会儿代表多久，多久又是个什么概念。

孩子还有一个信条：我想要的东西都是我的，如果我用过了，那也是我的，谁也不能拿走。在这种情况下，我们要跟他说还有一个孩子，要去跟他分享，他怎么可能接受呢？

那我们是否对分享行为束手无策呢？当然不是！这一切都会随着孩子对社交的渴望而逐渐好转。

孩子的社交诉求是随着年龄增长而逐渐发展的。在 2 岁以后，他们开始逐渐将注意力从照顾者身上转向同龄人。到了 3 岁左右，他们明显会对朋友产生明确的渴望。这时，我们再对孩子进行分享行为的引导，才会事半功倍，否则在他们尚未理解为什么要分享时，过分强调分享，反而会将这种行为与孩子内心不好的体验相连，让孩子出现抗拒心理，可能会持续更久的“自私”行为。

家长能做些什么

行为指导行为。分享是一种习得性行为，那么让孩子领悟分享这种行为最好的办法就是用行为来指导行为。譬如，在有其他孩子出现分享行为时，可以告诉孩子分享玩具非常棒，这是一种非常友好的行为。

正向鼓励。当孩子尝试分享，或者在接近分享边缘时（他们在首次或者最初尝试一种新行为时，都会出现这种犹豫不决的过程），再推孩子一下——给孩子鼓励和关注，并在孩子真的成功做出这种行为时，给予明确的肯定。譬如，“你把玩具分享给小震了，你真棒！”

将分享行为融入游戏中。轮流玩一个东西，逐渐让孩子有一个给出、接收的交换概念。在这个过程中，将“分享”这个概念渗透在游戏中。譬如，“现在轮到妈妈来搭积木了，然后是你；刚才你把红色的球给妈妈了，那妈妈给你绿色的玩”。

逐渐引导孩子换位思考的能力。当孩子不愿意分享时，我们可以试图引导他们换个角度思考问题。这会唤起他们的感受，让他们逐渐学会共情。譬如，我们可以引导地问孩子：“当别人拿走你最心爱的小熊时，或者一直玩不给你玩了，你会有什么感觉呢？”

当孩子逐渐长大，他们已经可以很好地理解分享行为，并且已经从分享行为中感受到满足感和幸福感，也会有共情的能力——理解别人的感受。这意味着，他们越来越喜欢分享，并且愿意通过分享获得同伴的认可。但是他们仍然可能会遇到一些难题，譬如，他们非常不想把自己喜欢的玩具分享给他人。随着年龄的增长，孩子的内心世界会越来越丰富，他们的感受也会随之丰富，他们追求公平感，对于分享，他们会有更多的思考，譬如，为什么要我把最喜欢的玩具给他？这并不公平！

所以，这个时期的孩子在一起玩耍时，规则的制定非常关键，要让孩子感受到他们都在同一个规则下，共同轮换着玩这些玩具，每个人都有平等的机会，规则对每个人都是公平的，这样才会让他们平静地处理游戏过程中的分享行为。分享行为是孩子交友的一个基础，让我们耐下心来帮助孩子习得这种行为吧！

第四节　泛泛之交：幼儿时期的友谊

“我们一起玩吧！”

“好吧！”

我们还能回忆起小时候院子里一起踩水坑、挖沙子的玩伴吗？他现在在哪儿？他还记得我吗？

幼儿初期（3～5岁）的友谊

友谊很短暂。它可能因为一块积木而开始，也会因为搬家而分离，此生不再相见。可能上一次分别时，孩子还对他的好朋友念念不忘，而这个好朋友就在他念念不忘中再也没有想起来，也再也没有相见。这并不意味着孩子“没长性”“没记性”“没感情”，这些与道德、性格相关的成人词语都跟小朋友没有关系，这只是小朋友的友谊特点。他们的友谊是因“玩”而结合在一起的，因“地点”而相遇在一起的，所以，他们也会因为“玩”的结束而结束，因为距离上的分开而分开。

研究表明，孩子并不像我们以往研究得出的结论——他们的友谊是短暂的、随即忘记的。他们的玩伴如果去了另一个城市或者哪怕只是短暂地离开他们的视线，他们也会经历一个悲伤的过程。只是他们的悲伤很快被新事物带来的情绪所替代，这让我们感觉他们对朋友的离开并不悲伤。实际上，有很多孩子仍在关注他们离开的小朋友，甚至还有一些成了老朋友（常年通过互联网保持联系）。

友谊简单、直接。他们在一起时，上一秒钟还在开怀大笑，下一秒钟可能就会因为一个玩具而大打出手。他们在一起玩得高兴时会快乐地跳起来，喊叫着，兴奋地满地跑；玩得不高兴时，会直接跟妈妈“告状”，扭头跑开，动手打起来，气得哇哇哭。这是他们的特点，这个阶段的孩子就是这样简单、直接，很容易快乐，也毫不掩饰自己的愤怒情绪。

友谊是玩出来的。他们并不像成人或者青少年，需要在一起分享感情。这个时期的孩子，他们的朋友是“可以一起玩的人”“互相知道名字的人”“不会抢对方东西的人”。他们并不清楚对方的个性，也对对方的兴趣、爱好不太关心，也并不会考虑如何维系友谊。他们不会去换位思考，他们只是活在当下、此刻，我们在一起玩得很开心。

友谊是没有性别的。我们可能会看到男孩女孩在一起过家家、手牵手，甚至亲吻或者“宣布”结婚了。但是在他们的脑海里，对性别的概念是模糊的。他们只是在游戏中模仿成人世界的关系，在游戏中演练自己平时看到的情节，这些都与性别毫无关联。所以，我们也不要用成人的眼光来看待这个时期男孩女孩之间的行为。

幼儿中期（6 ~ 8岁）的友谊

固定好友的出现。比起幼儿初期，这个时期的孩子已经开始上学，他们不会像小时候那样随心所欲地外出、交到朋友。他们的生活开始固定下来，每天都会跟学校里同班的孩子在一起，友谊也逐渐开始固定下来。

朋友很多。这个时期孩子友谊的另一个特点就是朋友很多。他们喜欢成群结队地在一起玩，凡是能玩到一起的，就是朋友。他们也喜欢将“朋友”两个字挂在嘴边，喜欢跟朋友在一起，喜欢朋友对自己的认同和顺从。他们对朋友很大方，从不会讲条件，他们会愉快地与朋友分享，也会开始观察和考虑朋友的心思。

单向友谊。在这个时期，大方的、主动的孩子会成为受欢迎的孩子，更能跟同学们打成一片。赛尔曼的角色采择理论认为，这个阶段的孩子所理解的朋友就是那个主动“帮助”自己的人。他们仍然因为共同在一起玩游戏而成为朋友，但是比起幼儿早期，他们的友谊持续时间明显变长，甚至会很惦记自己的朋友，但是更多的情况下，他们“惦记的”是朋友带来的好处，朋友能满足自己的愿望，如果朋友不能够达到自己的期待，那么友谊也会很快终止。

幼儿晚期（9 ~ 12岁）的友谊

互惠互利的友谊。这个时期的孩子心智更为成熟，他们更能够体谅他人的需求，也更意识到朋友的重要性。所以，他们逐渐学会了交换：我买了新的玩具，你也有新玩具了，咱们换着一起玩吧！

需要志同道合。随着自我意识的成长，他们对自己的喜好也越来越明确，他们会喜欢跟自己爱好一致、兴趣相投的同伴一起分享。但是他们仍然会成群结队地在一起玩耍，并且心里知道他们在哪些地方有共同点，哪些地方的观点并不一致。

亲密的关系。我们可能很难相信，这个时期发生的友谊，有的甚至会持续一生。但这的确是可能发生的，也真实地发生在我的生活中。所以，比起前两个阶段，这个时期的孩子对待友谊的态度更为成熟、稳定，也会有机会形成亲密的友谊，这种友谊比起成年的友谊要更单纯，也更让人着迷。

在这漫长的幼儿期（3～12岁），我们的孩子逐渐从家庭过渡到他们自己的社会圈（有同学、老师、朋友……），在这个过程中，我们需要关注些什么呢?

不同的年龄阶段有不同的交友特点，家长切勿操之过急。对幼儿来说，半个年龄阶段的差异，孩子的状态都有可能完全不同。所以，我们不能强迫2岁的孩子去分享，3岁的孩子去体谅别人，5岁的孩子懂得互助。我们需要伴随孩子的成长节奏，在这样的一个前提下，做一些我们能做的事情。

对于幼龄初期的孩子，友谊对他们来说是一种陌生的关系。他们可能会有短暂的害羞、怕生、退缩不前，但是对于友谊的需求会成为他们的内在动力，推动他们逐渐走出自己的安全区，去尝试着建立这种新的关系。大多数孩子的害羞、怕生等行为，都会随着年龄的增长而逐渐好转，特别是到了学龄期，我们会发现孩子由于自主意识的成长，会越来越有主见。有时，我们看到他自己一个人玩，并不一定是他害羞、怕生，还有可能就是他只是想自己待着，想自己的事情。

当孩子有了朋友之后，新的问题也随之出现了。有分必有合，有合也必有分。他们在感受友谊带来的欢乐时，也需要面对友谊带来的痛苦。他们可能会感受到背叛、冷落、孤单，甚至有时会感觉被伤害。我只能说，这就是成长带来的痛苦，但孩子伴随着这些痛苦，就慢慢长大了。在这些时候，我们可以做的就是意识到孩子情绪的变化，在他们低落时，陪伴着他们；在他们质疑友谊时，给予积极地肯定，给予他们力量；在他们困惑时，跟他们分享自己的解决方案。

做好友谊关系处理的模板。先天因素和教养对幼儿的成长都存在影响。父母对待关系中的矛盾的处理办法，父母是否能够去体谅他人，积极处理关系中出现的问题，这些都会潜移默化地影响孩子。同时，我们还需要帮助孩子看见自己的情绪，因为看见情绪是培养同理心的第一步，而同理心又是影响友谊关系的核心因素。这些我们会在后续的章节中详细阐述。

幼儿时期的友谊更像是一种体验，正如我们前面提到的，孩子在进入幼儿晚期时，才可能会有真正的类似于成人的友谊出现，在此之前，他们的伙伴关系充满了儿童的特点——充满了不确定性和偶然性。但是这种体验对他们来说非常重要。无论快乐的分享、美好的回忆，还是不经意的伤害与被伤害，离别对他们来说都是人生中的第一次体验。这种体验，我们不能妄加干涉，甚至为了所谓的避免孩子受伤而横加阻拦，甚至剥夺孩子体验的权利。

我们在孩子的友谊关系中，更像是一个旁观者，除非他们需要我们，其他时间里，我们只需安静地看着，看着他们去摸索、去感受，一路跌跌撞撞，但却一直前行。

第五节　同一性：青春期社交重要的一课

“干吗去？要吃饭了！”

“妈，我不吃了，跟朋友约好踢球了！”

“那也吃点儿饭再去啊！”

“我们一起路上买点儿吃了！”

这可能是一段再普通不过的母子之间的对话。十几岁的孩子，他们不再是每天缠着妈妈求抱，躲在爸爸身后偷偷观察的小家伙了。他们有自己的朋友、自己的圈子，甚至自己的小世界——不对任何人开启的内心花园。孩子的成长就是让我们这样措手不及。伴随着青春期的到来，他们逐渐迎来了新一轮的社交敏感期。

青春期的变化

青春期的一个重要标志就是迎来身体生长的第二个高潮。在荷尔蒙的影响下，他们身体发生了巨大的变化。虽然我们无法弄清楚，到底是青春期的到来让孩子身体发生了变化，还是孩子身体的变化导致了青春期的到来，总之，伴随着青春期，这些孩子开始有了自己的世界，一个不再向父母敞开却住进了新朋友的世界。

男孩在雄性荷尔蒙的作用下变得高大挺拔，肩膀变宽，然后开始出现第一根胡须。女孩则在雌性荷尔蒙的刺激下，髋部宽度明显增加，乳房也开始发育。这些身体上的变化让他们看起来更像是成人。

青春期友谊画像

与幼年时期那些随遇而安、云淡风轻的友谊不同的是，青春期的友谊带着一抹浓烈的色彩。

在电话还没有普及的年代，书信是青少年最含情脉脉的表白。回顾我的青少年时期，哪怕是天天相见的朋友，夜晚时分，写完作业后，我还是会在灯下奋笔疾书。第二天早上一到学校，就把连夜写的书信交给我的挚友，再带着激动的心情，趁着上课前，迫不及待地拆开她写给我的信。直到现在，这些记录着我们那段燃烧着的青葱岁月的书信还被我们保存着。偶尔翻出来，读一读，那些充满了能量和激情的文字，成了我们三十年友谊的见证者。

青春期的小朋友之间有说不完的话，聊不完的话题；他们刚刚分别，下一秒又渴望见面；他们之间的友谊浓度甚至超过成年之后的恋人关系；他们甚至要求友谊是一对一的，不允许其他人介入；他们会因为不平衡的友谊关系（譬如，为什么没给我回信?你为什么跟她走得更近了？）苦恼、争吵，甚至决裂……这些浓厚的青春期的感情，像极了一对恋人。不得不说，他们友谊模式的变化与青春期旺盛的荷尔蒙分泌有着一定的关系。

同一性的提出

除了身体上的变化，青春期的少年变得更加独立，他们花费更多的时间思考自己。思考自己是谁，自己哪里与众不同，怎么才能够更独立、更成功，如何对待未来的生活……他们在童年时从来都不会思考这些问题，而到了青春期，这却是他们贯穿整个青春期的主题。心理学家埃里克森意识到了这些问题对青少年的重要性，首次提出了“同一性”的概念，迄今为止，“同一性”仍然被认为是青少年发展中的核心概念，对青少年各个方面的发展有着极为重要的影响。

同一性对青少年社交的影响

同一性的探索让青少年的友谊变得更亲近。正因为有这么多需要思考的问题，让这些青少年之间的关系更加紧密。他们有了更多的话题可以一起探讨，在逐渐形成的世界观、价值观、人生观的过程中，他们更会体验到人与人之间因为彼此理解、志趣相投而带来酣畅淋漓的沟通关系的美妙。这些从未出现过的深层次的理解，让青少年欲罢不能。于是就会出现我们前面提到的青春期友谊画像中的样子。

这也是我们家长最难理解的一部分，我们很难理解，刚刚从学校回来的孩子，扭头钻进屋里，拿起手机还是跟刚刚分别的小伙伴发信息、聊天。我们开始揣测他们到底在聊些什么，揣测他们之间是不是有什么不可告人的秘密，揣测他们之间的关系。

带着这种不理解，我们会询问、质疑，甚至翻阅他们的聊天记录，趁孩子不在偷看他们的日记……亲子关系在质疑中开始出现缝隙，这种缝隙会因为争执而升级，甚至发生冲突，将关系推至冰点。

同一性的探索可能会让青少年孤立。青少年在同一性的探索过程中，并非总是一帆风顺的，他们可能会经历同一性混乱。这种混乱会给他们带来前所未有的孤独感。当青少年来到青春期这个节点时，他们突然开始面临很多新的角色，一些他们从未涉及甚至从未思考过的角色，如未来的职业角色、浪漫关系中的角色等。他们甚至会经历一段不同寻常的时期——心理社会延缓期，即他们需要一段处理自己从儿童到成人，从安全感转换到自主感的心理过渡期。

在这段时间内，他们可能会变得激进——不断地尝试新的自己，推翻自己过往的一切，甚至是友谊。他们可能变得退缩——不想面对这些复杂的问题，把自己隐藏起来，冷漠处理所有的关系，包括友谊。他们可能变得反复无常——不断地处于矛盾中，不接纳自己的观点，对待外界的信息又没有能力获取有价值的信息，缺乏主见，人际关系变得混乱。

同一性和社交相互促进、相互影响。同一性的发展可能会持续很多年。当今的一些理论家甚至认为，同一性的发展始于婴儿期，随着孩子的依恋、自我感和独立性的出现而开始发展，终于老年期，随着对自己生命的回顾和整合而结束。无论哪种观点，青春期是同一性发展最为重要的一个阶段。

在这段时期，他们在寻求自我的同时，还在积极地寻找联结——友谊。他们在友谊中获得信息和信心，信息不断地丰富他们的见识，帮助他们开阔思路地去寻求自我；信心给予他们勇气，让他们去不断尝试渴望的自我。而他们在寻求自我的路途中，通过一次又一次的决定、一次又一次的尝试，也带给他们新的社交机会，为他们的社交关系注入新的血液。

反之，如果他们同一性发展不顺利，他们可能会不断地对自己持否定的态度，缺乏自信，不想与人沟通，出现社交退缩、社交倦怠；或者他们可能走向另一个极端，变得易怒、阴晴不定，情绪化，甚至出现攻击性行为。

虽然我们都从青春期走过，但是面对孩子的青春期，我们还是会出现一些困惑。我们困惑那个无话不说的孩子，怎么一夜之间就变得陌生和疏离；困惑那个乖巧懂事的孩子，怎么突然变得难以理解；如果我们尝试着用一些变化去理解他们的变化，或许我们会多一些宽容。

家长能做些什么

良好的家庭氛围。毋庸置疑，虽然同一性是孩子对自己的追寻，但是家长是对他们有影响力的人物。研究者发现，民主型的家庭，鼓励孩子参与家庭中的决策，可以促进孩子同一性的获得；反之，专制型的家庭，不断地控制孩子的行为，剥夺孩子在家庭中的话语权，会导致孩子同一性发展受阻，出现同一性早闭的现象，即父母用权威的方式向孩子灌输思想，让孩子没有足够的机会去探索不同的生活道路、意识形态和职业。

家长平和的心态。如果我们能够经常与孩子保持良性的沟通，对他们与以往不同的行为保持一颗平常心，接纳他们多变的情绪，并对突发的情况保持同理心，这些会促进青少年同一性的顺利发展，会增加他们的信心。

反之，如果我们对待他们总是猜忌、质疑，贬损他们的一些尝试性行为，甚至在他们表达不同观点时，严厉地批评他们，这些无疑会阻滞他们同一性的发展。

所以，良好的家庭氛围和家长平和的心态是青少年成长的最好的土壤。包容的心态，开放的氛围，给予青少年充分的表达空间，允许他们为自己发声，这都是让同一性健康发展的模式。孩子只有认清了自己，才能在友谊的道路上越走越宽，越走越远。

第六节　自尊与自我：看清自己才能找到朋友

我们可以闭上眼睛，来思考一个问题：

如果用 5 个词来评价自己，我们会选择哪 5 个词呢？

如果我们用 5 个词来让孩子对自己进行一个简单的评价，他们会怎样评价自己呢？

什么是自尊

自尊就是自己对自己一个整体的评价，也被称作自我价值或自我形象。

在前几节，我们一直在围绕着“自我”展开。“自我”是指每个人独特的个人生理和心理特征的总和。随着孩子年龄的增长，他们不但对自己的身体越来越了解，而且对自我的认知越来越丰富，同时，他们通过与环境的交互和碰撞，他们对自己也逐渐形成了一些评价。而这个自己对自己的评价，是自我认知里最重要的组成部分，将影响孩子的行为和心理健康，将影响孩子生活的方方面面。

孩子的自尊并不是一成不变的

幼童的自尊。对幼龄的儿童来说（3～8岁），他们对自己的评价还停留在很简单的维度。他们掌握的词语较少，对自己内在的思考也较少，有时，他们对自己的评价会过于乐观。

例如，一个6岁的男孩对自己的评价如下：我叫小伟，我今年6岁了，我家里有爸爸妈妈和我，我喜欢小动物和做手工，我有很多朋友。今年我要上学了，我认为我很棒。我参加了幼儿园的认字大赛，我认为我一定能获第一名！

青少年的自尊。对于青少年（9～16岁），由于他们的语言能力和思考能力进一步发展，他们对自己的描绘会更加抽象，也会用更多的话语描述自己的内心活动。这个年龄阶段的孩子对自己的评价明显会较之前更为客观，他们会有很多评价是来自家长、老师或者同辈朋友。特别是这个阶段，孩子正处于青春期，正处于对自我同一性的探索阶段，有时，评价会传递出他们在这个时期的矛盾、困惑和苦恼。

例如，一个11岁的女孩对自己的评价如下：我叫安迪，我今年11岁了，正在上初中，我的学习成绩一般，长相也很普通。我个子较高，在班级里算是最高的女生了。我的朋友不多，因为我不是很外向的人，我的脾气也不是很好，但是我很愿意帮助别人。

年长一些的青少年的自尊。对于年长一些的青少年（17岁以上），他们对自己的评价已经基本稳定，对待客观的世界有自己的看法，并且随着他们思考能力、理解能力的增强，他们对待自己的评价也更为客观和准确，他们对待内心的矛盾也更加平静和接纳，困扰会少很多。

例如，一个17岁的男孩对自己的评价如下：我叫李乐，今年17岁，在上大学，自动化专业。我很喜欢我的专业，我希望用10年的时间，成为我这个领域的专家。之后，我希望可以成为像乔布斯一样改变世界的人。我性格有些内向，但是在熟悉的人面前我也是很健谈的。我平时喜欢读书、旅行，还没有女朋友。但是我相信不久的将来一定会遇到自己喜欢的女孩。

一个人对自己的评价并不是一成不变的。根据心理学家埃里克森的研究发现，青少年在走出童年、来到成人世界、开始寻求稳定的成人认同感的过程中，常常会感到困惑，导致自尊心下降。还有的研究显示，青少年在生活环境发生变化时，如小学升入初中、初中升入高中、高中升入大学时，自尊心会呈下降趋势，他们对自己能力的信心降低。在进入成年之后，他们的自尊会保持在一个相对平稳或者稳定增加的状态，到了65岁之后，又会开始下降。

自尊和社交的关系

积极的自我评价对社交起促进的作用。自尊是自己对自己的尊重，对孩子来说，自尊是自信的来源。很多社交中的行为问题的核心都与自信相关，譬如，社交焦虑、社交恐惧、社交回避。积极的自我评价的孩子，他们积极展示自己，他们好奇、独立、有自己的想法，又敢于迎接挑战；他们主动又敢于承担，积极探索又敢于质疑；他们灵活，善于适应，遇到挫折又能够积极面对，用微笑来应对批评和嘲笑。

这些特质，让他们成为人群中受欢迎的人。他们有趣、有魅力、吸引人。跟他们在一起能够吸收到积极的能量。他们在社交中是主动的一方，他们不会因为对方没有反馈而退缩，或对自己产生怀疑。遇到问题时，他们更愿意主动地解决问题而不是相互猜忌。这样的孩子谁能不喜欢呢?

相反，消极的自我评价对孩子的社交会有一定的负面影响。对自己评价过低或者一直处于不被认可的孩子，很容易对自己产生不正确的认知，质疑自己的能力。他们不认为自己可以独当一面。他们更想待在一旁，远离人与人之间的互动，他们认为互动对他们来说是存在风险的。他们不认可自己，在出现问题时，总担心是自己的原因，所以显得畏畏缩缩，不敢面对，想逃走。

在社交中，对自己评价较低的低自尊孩子，他们在关系中是被动的一方，这让他们总是处于被选择的位置，不敢追求自己喜欢的。在关系中遇到问题时，他们也容易放弃关系，或者被动地等待，或者选择逃离。他们因为缺少自信而不敢相信自己的想法，不敢去尝试，因此会让人觉得缺乏活力和无趣，缺少灵活性，缺乏吸引力。

影响自尊的因子

父母的教养方式对自尊有至关重要的影响。依恋型亲子关系对婴幼儿期的孩子建立积极的自我评价有着极大的帮助：让孩子知道他们是被爱着的，得到父母的积极响应，有家庭成员的陪伴，家庭中建立和谐的相处和沟通的氛围。高自尊孩子，他们的父母一般也更和蔼可亲，更愿意听取孩子的意见。在孩子的成长过程中，特别是当他们尝试新的事物时，多采用正向、鼓励的话语，相对于打击或者否定孩子，这对于提高孩子的自尊肯定有更积极的影响。

同伴、朋友对孩子的自尊有着直接的影响。对儿童和青少年来说，同伴是除了父母陪伴他们最久的人。在上学后，他们跟同伴在一起的时间、在一起分享的内容会远超过父母。而且与父母不同的是，跟父母在一起时，他们会将父母的行为当作模板和示范；而同伴，当他们在一起时，他们把对方当作竞争者。他们会彼此相互比较，从中获得对自己的评价。特别是到了青春期时，孩子变得异常敏感，同伴对自尊的影响更为明显。亲密的朋友对青少年的赞美与肯定和来自同伴的支持，特别是恋人的支持，对他们自尊的影响极大。

家长能做些什么来帮助孩子提高自尊呢

积极的话语。正如我们前面所提到的，虽然没有证据可以证明正向的、支持型的教养方式和孩子自尊较高存在因果关系，但是正向的、积极的话语对于提高孩子的自尊，一定比否定的、消极的话语更有效果。

亲密的同胞关系。有兄弟姐妹的家庭，孩子之间还构成了同伴关系。兄弟姐妹之间建立牢固的亲密关系，对每个孩子的自尊心的提高都有帮助。当然，父母要避免在他们之间进行比较，应该看到每个孩子的特点，并给予肯定。父母还要更注重家庭整体价值观的建立，更注重引导孩子之间相互学习，用积极的心态来协调孩子之间的同胞竞争。

看见孩子。孩子渴望被看见，他们本身就具有强烈的被认可的渴望。所以，在家中尽量找一些孩子力所能及的事情，让孩子参与并承担一定的责任，这样会让孩子感觉自己被看见、被重视，真正地成为家庭的一分子。

建立家庭制度。家庭制度当然不必像公司那样细致和严谨，例如，每周由孩子来分担哪些家务，每天睡前要跟父母拥抱，每周有一次家庭的远足，等等。这些制度更像是一种引导，引导孩子坚持、持久地做一些事情，并逐渐养成一些良好的习惯，这对孩子自尊的提升有着非常大的帮助。

尽量用开放式的沟通方式。让孩子做选择题而不是做判断题；让孩子爱上主动表达，并不是不断质疑孩子的能力和敦促孩子讲话，而是用开放式的沟通方式来引导孩子自己表达。我会在后面的章节中更加详细地表述。

让孩子爱自己，才会爱他人，才会收获爱。加油吧！

第二章

家庭：孩子第一个社交圈

第一节 谁养育了受欢迎的孩子

小A是班级里的班花，长得漂亮又懂事，大家都很喜欢她。

小B比较沉默，总是默默地坐在后面，做自己的事儿。

小C在班级里总是打架，除了自己的小弟兄，很多同学都怕他。

小D是班级里学习最好的，很多同学崇拜他，但是也有很多同学嫉妒他。

1982年，几个研究者通过分析社会测量数据，将儿童进行了以下分类。

受欢迎儿童，在儿童中很受欢迎，只有很少的人不喜欢他们。

被忽视儿童，他们被关注，被提名喜欢或者不喜欢的次数都很少。同伴对他们似乎是视而不见。

被拒绝儿童，他们被大多数人不喜欢，只有少数人喜欢。

有争议儿童，他们被许多儿童喜欢，也被许多儿童不喜欢。

当然除了这4种具有典型特征的儿童占人群中的2/3外，还有1/3的人是一般儿童。

我们都希望自己的孩子是受欢迎的儿童，但是这并不一定能如愿以偿。

什么样的孩子是受欢迎的

如果让我们来描述心目中受欢迎的孩子，每个人都会说出一些共同的特征，如有责任感、愿意分享、乐观、友好、合作、没有攻击性……但这些真的是受欢迎的孩子的特征吗？并不一定。

有研究者发现，在群体中，受欢迎的因素可能很多，如学习好、有吸引力、身高出众、有魅力、沟通能力强、主动地提供帮助……但根据研究发现，这些因素并不是一成不变的，通常会随着社会文化的不同、儿童年龄的变化而变化。

例如，那些看起来很酷、行为比较出挑（一些反社会行为，如说脏话）的人可能会更受男孩的欢迎和女孩的青睐。

在不同的社会结构下，受欢迎的孩子的特质会有细微的差别。例如，在个人主义文化氛围下，更注重个体的个性化。在教养方式上，也会更注重鼓励孩子的个性化表达和独立思考能力。而在集体主义文化氛围中，更注重个体的合作意识。在教育体系中，会更强调合作的重要性。所以，特别有个性的孩子有时会出现被排斥的现象。

在不同的文化背景下，受欢迎的孩子的特质也会存在差别。譬如，在北美的整体教育氛围中，很注重孩子的运动能力的培养，所以从幼儿时期，家长会花大量的时间、精力和金钱在孩子的运动能力的培养上。因此，在北美，爱运动也会是儿童在校园里受欢迎的重要因素之一。反过来讲，如果孩子不参加学校的运动团体，就很难在北美的校园里找到朋友。但是在很多东亚国家，家长更注重孩子文化素质的培养，孩子的课余时间基本都被学术类的辅导课占据，体育活动和运动能力的培养并不被重视，所以，体育优秀的孩子就不会在校园里得到太多的关注，爱运动也不是孩子受欢迎的主要因素之一。

受欢迎的孩子与攻击性的关系。如果我们认为受欢迎的孩子一定是不具有攻击性的孩子，这也是个伪命题。受欢迎的孩子在群体中有很高的地位，他们受人瞩目，有很多的追随者，他们是社交圈子里的核心人物，懂社交规则。但是许多研究发现，受欢迎的孩子保持自己地位的方式是公开的关系性攻击。

很多研究表示，受欢迎的孩子为了保持自己的核心地位，会采用忽视、排挤、威胁甚至是散布谣言等方式，特别是男孩，受欢迎的男孩甚至会更具有攻击性，他们会发起更多的争斗，更具有破坏性。

关于受欢迎的孩子的一些负面声音。孩子希望在学校获得同龄人的喜欢，希望获得别人的肯定，希望从环境中得到他们有魅力、有趣或者受欢迎的反馈，但是这是一项高维护性的活动。他们需要像公关公司一样，运营他们的社交圈子。譬如，他们需要不断地花费精力在社交上，这有时会影响学习和家庭生活；他们因为年龄尚幼，所以并没有完成自我意识的固化，他们的价值观、世界观并没有完全成形，有时会为了受欢迎而不断地去取悦他人。这对孩子的成长没有益处。

那我们要放弃培养孩子成为一个受欢迎的孩子了吗？也并不是！我们并不想让孩子成为群体里被排斥的、被嘲笑的、被冷落的或者被欺负的那个。我们希望孩子能够在群体里获得自己的一席之地，可以站出来表达自己的声音，有独立思考的能力但是又在群体里具有融合性。我们期待孩子乐于助人，但又不会为了助人而失去自己的原则，我们期待孩子是受欢迎的，但不是为了受欢迎而活。

我们可以让孩子更受欢迎吗

好消息是，我们可以通过一定的教养方式和与孩子的共同努力，可以让我们的孩子更受欢迎；坏消息是，并不是一切都在我们的掌握之中，我们做不了全部。

父母的生长环境决定了孩子的社交基础。有研究表示，童年生活是幸福的母亲更容易生下受欢迎的孩子；反之，童年充满敌对倾向的母亲更容易生下不受欢迎的孩子。而介于两者之间的，譬如，母亲的童年是在孤独或者焦虑环境下成长起来的，那么她的孩子可能处于中等以上更受欢迎的程度。

基因也是影响孩子是否受欢迎的一个因素。这也是让我们无奈的一个因素，有的孩子就是天生自带“讨喜肉”，他们生下来就是天生有吸引力的人，他们身体健康、充满活力，总是热情的、积极的、乐观的。这样的孩子从很小的年龄就可以从人群中凸显出来，而这些基因来自他们的父母——他们的父母也是“令人感到舒服的”。这样的父母在教养过程中，又进一步加强了孩子的特质，让孩子形成了“总让人感觉舒服”的社交特点，自然这样的孩子在社交场合中会是更受欢迎的那个。

安全型依恋关系有助于孩子形成受欢迎的特性。这是我们可以努力的部分。安全型依恋会给予孩子安全感，孩子将父母视作安全基地，在父母的陪伴下，他们在婴幼儿期就会敢于独自探索，因为他们知道父母会给予支持和缓解他们的压力。这类儿童很随和并且大方，会很独立，但是又跟父母保持亲密的关系。反之，不安全型依恋模式的亲子关系更容易产生冷漠、独立性差、友善却缺乏温度、对人藏有戒心、拒绝亲密关系等特性，这都不利于孩子未来的社交发展。

避免成为攻击型家庭。攻击性是最容易被模仿的行为，而好斗的孩子通常是最不受欢迎的孩子。即便是受欢迎的孩子可能通过攻击他人来获得自己的地位，但是反之并不成立，即攻击型的孩子（爱打架、蛮横、叛逆等）并不会成为受欢迎的人。父母整天争吵、冷战、婚姻不和谐，这都会在无形中传递给孩子，让孩子感染攻击性。很多研究表明，父母吵架时孩子的内心会非常难受，家庭中的持续争吵会使得孩子和兄弟姐妹、同伴的关系变得敌对和富有攻击性。而且孩子在这样的环境下成长会变得越来越难以管教，这也会进一步增加家庭整体关系的紧张度。

父母在无形中传递情绪的处理方式。有一句颇为流行的话，“所谓的高情商就是处理好自己的情绪”。可见，情绪的调节在人际关系中的重要性。情绪的调节能力并不是与生俱来的，而是随着孩子的成长逐渐习得的一种能力。父母的行为就是最好的教科书。年幼的孩子在玩耍中遇到状况时，正是父母引导孩子学习如何处理自己情绪的好时机。例如，孩子在跌倒后，向父母寻求帮助，如果父母的情绪反应是焦虑的、烦躁的，那么孩子可能哭泣的时间会更长。

我们还不该过多地干涉孩子的社交。过多的干涉会让孩子感受到压力，甚至在朋友面前颜面尽失。但是我们还需要知道孩子的社交情况，所以，对孩子社交的“干预度”是需要在生活中不断与孩子磨合的。

最重要的一点是，我们要知道，每个人生下来都是自带光环的，生命本身就是闪光的，所以，我们要让孩子知道，生命最美的样子就是做自己，做自己就是最好的社交开始。

第二节　是兄弟也是朋友：家有俩娃的相处之道

随着二胎的开放，我们周围也多了好多家有二娃甚至三娃的家庭。在家长欢喜地迎接小生命的同时，很多妈妈也开始思考新的问题：怎样更好地让两个孩子相处，避免同胞竞争？怎样引导孩子，可以让他们在收获亲情的同时，也学到一些人与人的相处之道呢？这些都值得我们一起探讨！

越来越多的家庭步入多子女家庭，兄弟姐妹通常是孩子的第一个玩伴。很多父母反映，当有了第二个孩子后，第一个孩子明显不像之前那么“粘”自己了，孩子们更喜欢在一起玩，他们也更能玩到一起去。

我们甚至得出一些更具体的研究成果，譬如，对一个家庭来说，所有孩子与家庭获得最好的教育和经济收益的家庭结构是XB-S，即最年长的孩子（性别不限X）最好早于他的弟弟（B）2年出生，而早于他的妹妹（S）5年或者5年以上出生。

同胞关系的影响

同胞关系对孩子的影响深不可测。很多研究都在围绕着同胞关系展开。同胞关系以不可预测的方式在我们孩子的人生中发挥作用，究竟产生怎样的影响，结果也是不可预测的。有研究表示，兄弟姐妹之间的相处可以对孩子人际关系产生积极的影响，帮助孩子学会如何与同辈相处，如何处理冲突和解决矛盾。但也有研究持完全相反的观点：兄弟姐妹的存在反而会影响孩子的社交模式，或者带来“同胞竞争障碍”，影响孩子的人生。无论怎样，有一个观点是统一的，即同胞关系对孩子存在影响，且影响贯穿他们的一生。

在同胞关系研究领域已经达成共识的是，同胞关系会对孩子产生积极或者消极的影响。积极的同胞关系，如同胞之间表示友爱、亲密、崇拜、相似、互相欣赏等亲社会性行为，会促进孩子的相关领域的发展；反之消极的同胞关系，如冲突、侵犯、敌对、冷漠、竞争等，会对孩子的发展产生阻滞。

积极的同胞关系有利于缓冲儿童的适应问题。譬如，当孩子遇到生活的变故、创伤，或者带着消极情绪时，积极的同胞关系可以让同胞成为孩子分享的对象，可以帮助孩子减少创伤后的压力和抑郁情绪。反之，消极的同胞关系在适应性方面对青少年的影响远高于积极的同胞关系对青少年的影响，是青少年社会性发展面临的主要危险因素之一。

同胞关系在认知、情感和社交方面也会对孩子有一定的影响。有研究指出，同胞关系对孩子认知、情感和社交方面的影响更大。同理心的概念可以在孩子之间相互传授，不仅仅是年长的孩子会影响年幼的孩子；反之也成立。年长的孩子会对年幼的孩子产生模范效应，帮助年幼的孩子来认知这个世界。这种积极的同胞关系，会让年幼的孩子感受到被关心和被关注。卡尔加里大学和多伦多大学的研究者，曾对 452 个加拿大的同胞家庭进行研究，他们发现年幼的孩子和年长的孩子对彼此的同理心方面都做出了积极的贡献。同时，年龄差异较大的家庭中，年长的孩子对年幼的孩子影响力更大。

在情绪方面，同胞互动的过程中总会产生一些开心、生气、愤怒、沮丧等情绪，这为孩子提供了很好的机会去体验情绪、了解情绪，也有助于孩子在未来学会识别、表达情绪和调节情绪。而积极的同胞关系会对孩子情绪方面的学习有着积极的影响，它可以帮助孩子学习表达情绪，促进情绪之间的流动，可以让孩子更好地学会管理情绪，帮助孩子日后在社交中更好地处理人际关系中的情绪适应力问题。同时，同胞相处过程中出现的分歧、矛盾，也帮助孩子学习人际关系中冲突的解决方式，对孩子社交起着重要的作用。

对同胞关系影响的质疑。仍然有很多研究在不断地质疑同胞关系的影响，例如，心理学家苏珊·多迪指出，我们不应该去扩大同胞之间的影响，甚至放大一些论点，如同胞关系会导致孩子的不良发育。随着孩子的成长，到他们成年时，他们所经历的足以忽略掉兄弟姐妹带给他们的体验。同胞影响，完全可以被气质、个性和个人偏好的差异所取代，缺少兄弟姐妹可能会在某种程度上影响孩子的生活，但这只是众多影响力中的一种。

无论同胞关系对孩子的影响到底有多大，对我们独立的家庭来说，孩子是家庭的一部分，孩子之间的关系影响着家庭整体的环境氛围。对孩子个体来说，朋友可以分分合合，同胞之间的关系却是一辈子的，是人一生中最漫长的关系之一。所以，积极的同胞关系，对整个家庭和每个个体都有着积极的影响。

那么，如何在家庭中建立积极的同胞关系呢？

早预防好于出现问题时再解决。为了防止同胞竞争的出现（关于同胞竞争的详细内容，请关注我的另一本书《儿童青少年行为心理学》），我们应该从一开始就鼓励孩子们相互尊重，鼓励孩子们多进行合作游戏。如果发现竞争的苗头，就尽早扼杀它。有研究表示，鼓励孩子们一起玩，会促进同胞之间积极关系的建立。虽然孩子们存在年龄差距，组织共同活动有一定难度，但这绝对是一个值得尝试的、建立积极的同胞关系的开始。找到孩子们共同感兴趣的玩具、运动或者共读一本书，尝试鼓励他们每天至少在一起玩一次。

无偏颇地对待每一个孩子。虽然左手右手都是手，但是身为父母，我们很难解释对某一个孩子的无理由的偏爱，我们没有办法控制这种自然而然产生的偏爱。但是在孩子面前，我们能做的就是平等。珍视每一个孩子的特点，并让孩子感觉到被关注、被看见。协调好自己的时间，给每个孩子留出来一对一的时间，来跟他们沟通、分享。我知道对每天上班、下班还要承担家务、照顾孩子的妈妈来说，这很难，但是这对孩子真的很重要。

公平地调解孩子之间的纠纷。当孩子之间出现矛盾时，我们首先鼓励他们自己解决，虽然这并不容易。当他们无法自行解决（这是一定会有的情况），或者他们没有掌握解决纠纷的办法时，我们可能会作为调解人的角色来参与到孩子的纠纷中。这时，我们的处理方法也对孩子之间积极关系的建立有着一定的影响。

在调解过程中让孩子尽情地表达自己在纠纷中的观点；鼓励

他们讨论各自在纠纷中想要达到的目的和面对本次纠纷的感受；让他们互相讨论如何解决现在出现的矛盾，并建立起处理纷争的基本规则。我们要避免评判性、指责性语言，引导孩子从对方的角度思考问题，帮助孩子学习友善的解决问题的方法。我们要避免激化问题，将孩子之间简单的矛盾升级。我们要始终记住自己的身份——是调解员而不是裁判员。

定期地组织家庭会议。家庭会议不是走形式，而是一次家庭聚会，是让全体人员在一起畅所欲言的机会。我们要做的就是准备好引导词，让每个人能够畅快地开口，哪怕是抱怨。我们要准备好调解词，让大家坐在一起公开地面对问题，一起寻找解决问题的方案。我们还要准备好吃的喝的和游戏，让氛围轻松起来。轻松的氛围，放松的心情，才会让大家敞开心扉。

鼓励健康、积极的沟通方式。没有什么分歧是不能够通过沟通来解决的。让孩子学着去沟通（后面的章节有更详细的介绍），示范孩子如何去谈判和妥协，学习如何去给予和接受，学习如何去寻找双赢的解决方案。特别值得一提的是，双赢的解决问题的思路是一种思维方式的转变，一旦形成，就会让孩子受益一生。

好的同胞关系可以让孩子受益一生，他们之间可以是亲密的同胞，也可以是持续一生、相互支持的伙伴。作为父母，我们能给予的同时也是最重要的就是跟每个孩子建立紧密的亲密关系，让孩子感受到我们的爱，当他们被爱滋养时，他们心中的爱的种子就会生根、发芽，倾情绽放。

第三节　假想伙伴：孩子幼年的陪伴者

早上醒来，5 岁的雪菜发现妈妈在吃螃蟹。

“妈妈，你可不可以不要吃螃蟹了。”雪菜说。

“为什么？螃蟹很好吃的！”妈妈说。

“因为它们是我朋友的朋友。”

“你朋友的朋友？”

“是的，我最好的朋友柴龙，它是太平洋上的一只最美的巨型章鱼，它跟我说，螃蟹是它的好朋友，让我保护它们。妈妈你可不可以不要吃我朋友的朋友？”

妈妈放下了手中的螃蟹，看着走了的雪菜，妈妈的心里却在盘算，这孩子是不是病了？那如果下次我吃鱼的话，会不会也说鱼是他朋友的朋友？我的天哪！

小朋友雪菜是生病了吗？当然不是。他只是有一个想象中的章鱼好朋友而已！

假想伙伴是怎么回事

为什么小朋友会有一个假想的朋友？简单地说，就是因为有趣啊！

“孩子天生具有想象力，假想伙伴的存在对孩子的想象力和情感的成长、心理健康都有好处！”《快乐孩子与平和的父母》的作者劳拉·马克汉姆博士说，“有假想伙伴的孩子很享受假想伙伴带给他们的快乐，所以，当孩子感觉无聊或者孤独时，他们总会有个陪伴他们的朋友。我的女儿在三四岁时总是说，我要去跟贝蒂（她的假想伙伴，一头大象）去玩了。然后她可以在自己的卧室里待上半个小时。”

正如上面描述，孩子想象出来的朋友，就叫作假想伙伴。这个假想伙伴有的是真实存在的，如家里的小飞象毛绒玩具，孩子会把它想象成自己的朋友，然后跟它对话；有的是完全想象出来的，如前文提到的巨型章鱼。这些假想的朋友长期存在于孩子的头脑里，有的甚至会持续到 10 岁以上。它们是孩子的朋友，孩子跟它们一起玩、一起说话、一起睡觉，是孩子的陪伴者，是区别于孩子独立存在的客体。一些研究指出，有 46% ～ 65% 的孩子拥有假想伙伴，高峰年龄是 3 ～ 5 岁，在 9 岁左右消失。

有假想伙伴的小朋友是病了吗

很多家长会提出这样的疑问，认为孩子跟想象的事物说话、玩，甚至有时候，在家长询问时，孩子描述得有声有色。

“妈妈，你等一下，我要先跟粉红罗宾说一下才能出门，她还在等我。”

“我不吃了，我刚才跟罗斯一起在院子里吃过了。”（罗斯是一只灰色的玩具兔。）

是不是孩子出现了精神问题？或者他们没朋友，太孤独了？或者是他们的社交能力有问题，不敢跟真正的孩子在一起玩？或者是出现了社交恐惧，只能窝在家里跟一个脑子里想出来的东西一起玩？

让我们看看一些研究成果。

假想伙伴的研究始于现代。最初以皮亚杰为代表的心理学家普遍认为，假想伙伴并不是一种好的现象，这样的孩子很奇怪，他们也许很聪明，但是在社交上会遇到问题。的确，在一些调研结果中可以证实有假想伙伴的小朋友，他们在社交能力的评分上所有的项目分数都偏低。所以，早期大多数心理学家和研究者认为，孩子是为了缓解寂寞、缓解不良的人际关系而创造了假想伙伴，这是孩子社会性发展迟滞的表现。

但近年来，很多研究者提出了新的观点，并且同样得到了证实。他们认为，有假想伙伴的小朋友更富有想象力。例如，针对 4 ～ 5 岁有假想伙伴的孩子进行研究得出，有假想伙伴的孩子拥有更强的符号表征能力和更不同寻常的想象资源。对童年期有假想伙伴和没有假想伙伴的大学生进行对比发现，有假想伙伴的大学生更善于使用想象，特别是女生，在想象力上存在着更明显的差异。

假想伙伴促进孩子语言能力的发展。这些有假想伙伴的孩子在互动过程中，逐渐将他人和自我分开，逐渐增强孩子的自我意识。针对 148 名 5 岁的孩子进行的一项研究发现，有假想伙伴的孩子的内部言语更加抽象化和概括化，这表明，假想伙伴可能与真实的伙伴一样，对提高孩子的语言沟通能力起到帮助的作用。

假想伙伴促进孩子的同理心发展。假想伙伴的存在让孩子可以在与假想伙伴沟通的过程中，逐渐了解对方的需求，并锻炼孩子学会满足他人需求和愿望的能力。例如，有假想伙伴的孩子在与成人互动时，会体现出更多的合作性，更愿意配合成人的互动。他们在游戏过程中具有较少的侵略性，更愿意去满足同伴的期待，更倾向于适应同伴。

假想伙伴与注意力也有着一定的关系。研究认为，有假想伙伴的小朋友善于利用想象来分散自己的注意力，在耐心等待的能力上表现突出。他们更有耐心去等待，因为他们可能在等待的过程中不断地利用想象来分散自己的注意力。

有假想伙伴的孩子更具有创造力。1990 年，有研究者提出，有假想伙伴的孩子实际上在探索一种具有高创造力的游戏形式。2005 年，《创造力研究》杂志上发表的一项研究报告明确证实，有假想伙伴的孩子更具有创造力。康涅狄格大学创造力研究者乔纳森·普鲁克，他致力于研究人特别是学生的创造力。他说："无论他们是艺术家、创业者还是工程师，如果我们对他们的创造力进行挖掘，我们会发现，他们的共同点是在童年时期有一个假想伙伴。"

通过对周围孩子的观察，我们认为有假想伙伴的孩子在与假想伙伴对话的过程中，经常扮演不同的角色，设计不同的场景，发生不同的对话和故事内容。有时，他们会将刚刚发生的现实场景，融入与假想伙伴的沟通中，通过与假想伙伴的沟通，来解决他们现实生活中遇到的问题。

通过这些观察和调研，我认为这是孩子在不断地模拟和锻炼社交场景和社交技能，与他们在独立走路之前，不断地训练自己蹲下、起立、弯腰、转身等动作类似，这是他们在出现真正友谊之前，或者在真正进入社交环境之前，有目的地练习社交技能。并且，随着他们年龄的增长，孩子是可以区分出假想伙伴和真实伙伴的，他们知道假想伙伴是虚构出来的。

那么下一次，当孩子跑过来跟你说，她的红毛怪喜欢吃巧克力，需要妈妈给准备一下时，我们该怎样应对呢？

接受孩子的假想伙伴。“孩子喜欢分享他的假想伙伴。”假想伙伴研究专家马乔里·泰勒说，“当孩子跟我们介绍、分享他的假想伙伴时，我们应该感到高兴和欣然接受，这是孩子在分享他的快乐。我们应该鼓励孩子继续分享，跟孩子和他的假想伙伴一起玩，同意在餐桌上和汽车里为他的假想伙伴留出位置与零食。”

不过多干涉孩子的假想伙伴。我们不该过多地干涉孩子和假想伙伴之间的活动与对话，就好像我们不该去过多地干涉孩子跟他们的朋友那样。我们也不能去替代孩子跟他们的假想伙伴交流、活动。我们也不该去喝止或者用其他途径，渴望终止孩子和假想伙伴的关系，这有时会给孩子带来终身影响。这对孩子的影响程度，不亚于驱赶孩子的挚友并且终身禁止他们见面。

跟孩子的假想伙伴做朋友。如果可能的话，我们可以跟孩子的假想伙伴做朋友。从我个人经验中，我认为这并不是一件很容易的事情。我们需要循序渐进地跟孩子和他们的朋友建立起关系，才能得到他们的信任，与他们的假想伙伴成为朋友。有时，可能无论我们怎样努力也不会成功。可这样做的好处是，我们可以多一个帮手，来影响孩子和引导孩子，向他们传授同理心和友谊。有时我们甚至可以获取便利。例如，当孩子不配合家务时，我们可以利用他们的伙伴，来一起引导孩子加入家庭劳动中。但我们还要记得，不要过多地干涉孩子和他们的假想伙伴的关系，要保护好他们的友谊。

什么时候我们要警惕

当孩子不断地将他的不当行为归咎于他的假想伙伴时。这时我们需要负责任地告诉孩子，无论是他还是他的假想伙伴，都需要对他或者他们的行为负责。

当孩子开始逃避真实的社交而沉浸于假想伙伴时。比起现实中的友谊，他更喜欢假想伙伴时，这可能预示着他出现了一些其他的问题，如社交焦虑、社交逃避或者在现实生活中遇到了难题，在人际交往中出现了问题。这时我们需要坐下来，跟孩子好好地沟通，了解孩子真实的内心情况。

第四节　玩中学：亲子游戏在社交中的重要角色

回想一下，当你工作了一天回到家之后，吃完晚饭，给孩子洗完澡，距离他们睡觉还有一段时间，这时，你们都在做些什么呢？是一起看电视吗？孩子打游戏，你在工作？是坐在一旁发呆，顺便看孩子自己玩？还是一起玩？一起读书？

我并不想用心理学来道德绑架我们的家长，但是不得不说，如果我们可以花一点儿时间跟孩子一起玩，那么这对孩子和家长都是有好处的。

孩子的游戏不同于成人的游戏，对成人来说，我们玩游戏更多时候是为了放松，缓解工作和生活的压力，打发多余的时间，寻求感官的刺激。对儿童来说，虽然我们同样用“玩”这个动词来驱动“游戏”这个名词，用“玩”来描绘游戏的体验，实际上，孩子在玩游戏的过程中，更趋向于学习

他们通过玩能学些什么呢

他们学习观察和思考。对一个孩子来说，他们大多数的时间是在观察。他们通过观察成人的行为，然后模仿学习。孩子就像海绵一样，吸收全部他们可以吸收的。在玩的时候也是，他们通过玩，来不断练习他们的观察能力，去观察他人怎么玩，观察玩

的内容，观察游戏中参与者之间的关系。通过观察，在玩的过程中，他们也在不断地思考。我们在陪伴孩子的过程中可以发现，孩子并不只是一味地模仿，他们在模仿学习之后，还会通过脑袋对已学习的内容进行加工，然后挖掘新的玩法，这个过程在幼龄孩子身上就已经开始了。

他们学习技能。这从婴儿期就开始了。他们扔东西，是在了解自己和事物之间的关系；他们敲击物品，是为了感受自己的力量，锻炼自己的手部；他们不断地打开、关闭开关，是在锻炼自己的手指；他们不断地将球掏出来扔进洞里，是在训练他们的手眼协调能力；他们当下最喜欢玩的内容，就是他们此时最需要锻炼、最期待成长的部分。

他们学习人与人之间的关系。在孩子大一些之后，他们开始与更多的人产生互动。这里包括家长，也包括同辈。大家在一起玩游戏，就像进行一次化学实验，把所有的物质（人）倒在一起（叫到一起玩），加热（游戏），每种物质都开始发生变化（每个人都开始暴露出自己的特点和需求）。在参与游戏的过程中，孩子本能地去感受人与人之间的关系，感受分享、争夺、竞争、失去或者获得。

他们学习规则、学习沟通……他们不断地通过游戏去发展自己的心智，在游戏中成长。这些自然对孩子的社交能力的提高和未来的人际关系都有帮助。

那么亲子游戏呢?

亲子游戏是孩子游戏的一种，也是现代家庭教育所倡导的一种家庭模式：孩子和家长通过活动增进彼此之间的了解，促进亲子关系。

“当你与孩子在一起时，你在用实际行动证明孩子对你很重要。你会喜欢与他们一起度过时光，并更了解孩子。跟孩子互动也会培养孩子的自尊心，为以后的良好行为打下基础。”威廉·希尔斯博士认为，“当我们全神贯注地跟孩子在一起时，孩子会感觉到自己的重要性；当我们一边跟孩子在一起，一边却想着自己的工作或者其他事情时，孩子会感觉到，整个的互动会变得松散。”

那么我们该怎样与孩子进行亲子游戏呢

心态上需要调整。我们习惯用“看”孩子来描述跟孩子的一起的时间。

“干吗呢？”

“看孩子呢。”

“看”孩子这个说法无形中就将孩子放置于一个被动的位置，将成人放到了主动的位置，孩子是被“看管”的对象，我们是“看护者”。我们不是与孩子分享、享受一段美好的时光，而是“看护他，管住他”。这样的心态首先就破坏了“亲子”在一起的最根本的意义——陪伴。

位置上需要调整。正如上文所说，我们跟孩子在一起的关系应该是引导与被引导，孩子是引导者，我们是被引导者。我们是在陪伴着孩子，做他们想做的活动。我们应该跟随孩子的引导，与孩子平起平坐，站到水平视角上来看待活动。另外，从事孩子感兴趣的活动，会让孩子的注意力高度集中，这点也非常重要。

意识上需要调整。我们总在宣传亲子活动对孩子有那么多的益处，其实，当我们跟孩子在一起时，收获更多的是我们。我们不仅收获了积极的亲子关系、收获了一段快乐的时光、收获了孩子的信任和爱，我们还会从孩子身上学到很多。孩子是透明的，他们像一颗颗充满能量的小星球，不断地散发出积极的、正向的能量。他们开心就笑，笑容是那样的富有感染力，带走我们一天的疲惫。他们难过时就哭，他们的哭泣激发了我们的保护欲和柔软的内心，对我们的心灵也是一次洗礼。

“我真的很想和孩子在一起，也很喜欢和孩子在一起，可是真的跟孩子玩时，却有些不知所措，不知道他们在想什么、想玩什么，也不知道怎么陪伴他们。”

的确很多家长会有这样的疑问，尤其是新手家长，面对这个说不清又听不明白的孩子，真的有些手足无措。的确，我们需要一些小技巧来逐渐适应这个可爱的孩子。

做自己。这个方法总是说起来很简单，但是做起来很难。我们每天被大量的信息充斥着，这些信息有时为我们提供资源，有时是对我们的一种束缚。特别是当我们面对孩子时，如果我们总在想，我们该怎么做？书上怎么说的？什么话可以跟孩子说？该怎么跟孩子玩？这些信息都在头脑中存在着，反而让我们缩手缩脚。快乐是可以传递的，紧张、压力也是可以传递的。特别是跟孩子在一起，孩子就像一个敏感的感受器，可以很敏锐地感知周围人的心态。所以我们不如放下一切，只用自己的本心去面对孩子。先放松下来，用放松的神经才能在玩中找到创意，与孩子碰撞出火花。

花一点儿时间了解自己的孩子。每个孩子都有自己的特点，看的书也好、网上的各类资料也好，都是面向大众的材料，到自己孩子身上时，都会有一些细微甚至是巨大的差别。我们最后还是要面对自己的孩子，那个真实的孩子。我们需要跟他面对面地坐在一起，仔细地去观察孩子的反应，他是高兴还是抗拒，他是不喜欢还是累了所以不集中精力。就如我们学习一样，书中给的都是理论，实践还得靠自己不断地摸索和总结，最终形成自己的带娃方案。

尽量在家里留一个区域让孩子自由地玩耍。这个区域就是父母和孩子一同游戏的地方，也是孩子可以自己独立游戏的地方，在这个区域内，父母不必担心孩子会做一些不该做的事情，如发生危险。这样大家都可以很放松地坐在一起，全神贯注地投入活动中。

尽量固定时间与孩子一起玩。我知道这样很难，但是这是一种很好的给孩子建立依恋安全感的方式——留出固定时间。让孩子知道，每天晚上吃完饭时，一定可以赖在爸爸身边一起玩。每天晚上睡觉前，都是固定的亲子活动时间。这让孩子感觉安全和有持续性。

找到自己小时候的感觉。之所以说陪伴孩子的收获远比给予孩子的要多，除了前面提到的那些，这一点对我自己来说都很治愈。跟孩子在一起时，如果放松我们的神经，尽情地投入，跟孩子在安全的环境下一起胡闹，那种感觉真的太奇妙了，真的可以穿越时空，忘记年龄和一切世俗的纷扰，仿佛自己回到了小时候，肆意地笑、肆意地闹。这些是孩子给予我们的正能量的源泉。

同样的玩具不同的玩法。这可能需要一些创造性，但是不要一提到创造性我们就说：哦，不，这对我来说太难了。其实，不要先给自己这样的暗示，每个人都是自己的创造者。创造力是可以通过不断的练习来提升的。特别是跟孩子在一起时，孩子本身的创造性会感染我们，我们只需放下头脑中的那些规则、道理和不可以，给自己一段时间，我们都可以创造出新的、有趣的互动。

最后，我可以给各位家长一些有趣的活动清单，这些活动比较开放，有很大的空间发挥，很容易激发灵感，点燃我们内心的能量，譬如：

沙子、水游戏；

阅读故事；

编故事并一起演故事；

绘画（并不是要画出什么内容，而是一起用颜色涂鸦）；

做手工；

装扮游戏；

搭积木、乐高积木；

音乐和运动（甚至一起跳舞也是可以的）。

第五节　志同才能道合：帮孩子敲开友谊的大门

总有妈妈询问，我的孩子好内向，跟小朋友在一起时总是安安静静地待在那儿，上幼儿园快一学期了，她好像也没有什么朋友，怎么能帮助她呢?

的确，孩子交不到朋友，最着急的莫过于妈妈，担心小朋友孤独、被排斥。小朋友交到朋友，最担心的还是妈妈，怕孩子交到不好的朋友、霸道的朋友。那么，我们怎么帮助孩子，让孩子友谊的小船安全地驶出港湾呢？这是我们这一节要共同探讨的内容。

我们可以帮助孩子交朋友吗？我认为答案是肯定的。我们可以用一些方式，在孩子交朋友方面发挥一些积极的作用，帮助孩子找到交朋友的感觉。但是我们不能越俎代庖，把握好度和使用恰当的方法，才会事半功倍。

什么时候开始关注孩子交朋友

对幼儿来说，他们在 4 岁左右开始从家庭走向社会群体，他们的关注点也逐渐从照顾者身上转移到同辈，这是孩子正式社会化的一个开始。对孩子来说，外面的世界很精彩，外面的世界也很陌生。在 2 ～ 3 岁这个阶段，对比年长的孩子，孩子仍然喜欢留在成人身边，并寻求身体上的亲近，父母仍然是孩子的看护者和主要的玩伴，所以这个时期，是最好的帮助孩子了解社会礼仪、分享、自我控制意识的阶段，在不削弱孩子好奇心、主动性和个人能力感的情况下，父母可以在这个阶段帮助孩子提高社交能力。

幼儿为什么交不到朋友

我们在前面章节也提到了，对幼儿来说，他们的朋友并不是我们成人意义上的朋友。他们的朋友还是停留在玩伴的阶段，主要是能玩到一起。那么孩子交不到朋友，或者说最初走入社会群体的孩子找不到玩伴，一般有以下几个原因。

孩子没有玩的环境。都说是玩伴了，那就是要玩在一起，才能互相陪伴。我们的孩子有没有时间去玩，有没有玩的环境？2～4岁的孩子，还有大部分孩子是在家里，每天跟陪护者在一起，如果孩子不出门，见不到其他孩子，自然也就没有朋友。如果孩子只是偶尔地出现在小区院子里，那么自然交不到固定的朋友。

孩子缺乏交友技巧。这个是很关键的问题。的确，有的孩子是天生的社交“专家”，可以很自然地融入群体，很快地交到朋友。但是这只是少数，大多数的孩子，他们遇到陌生的环境会紧张，遇到生人不知道如何开口，他们不知道怎么邀请其他孩子来家里做客，不懂得如何分享。这些都是社交的基本技能，也是他们需要通过观察、模仿、学习到一些社交技巧。这可能也是我们家长的责任。

孩子缺乏交友渠道。我们通常期待孩子交到“合适”的朋友，当然这个“合适”不能是家长头脑中的合适，而应该是适合孩子的。那么怎么能找到“合适”的朋友？孩子对外面的世界并不了解，我们把他放在院子里，他就在院子里玩；我们把他送到早教班，他就在早教班里结识小朋友；我们把他送到幼儿园，他就在幼儿园里跟其他小朋友一起玩，所以，孩子的交友渠道是我们建立的。如果我们想帮助孩子找到“志同道合”的朋友，那么我们要清楚在哪里可以找到，然后把孩子放在那个环境中。

家庭教养对孩子交友的影响。家庭教养方式会对孩子的社交能力产生影响吗？答案是肯定的。

研究者将家庭教养方式围绕接纳 / 反应、命令 / 控制两个维度，分成 4 种类型。

专制型教养方式：成人提出很多规则，期望孩子可以严格遵守。用惩罚和强制性策略让孩子顺从。

权威型教养方式：控制和关切相互平衡的一种教养方式。父母会提出合理要求，给予孩子要遵守的理由，接纳孩子的观点并做出合理反应，征求孩子对家庭事务的意见，是一种合理、民主的家庭氛围。

放任型教养方式：提出相对较少的要求，让孩子自由表达感受和冲动，不会密切监控孩子的行为，很少提出强硬的控制。

不作为型教养方式：非常放任且较低要求的教养方式，父母会因为关注自己的事情而忽视孩子，对孩子投入极少的时间，对孩子的需求不敏感。

经过多年的研究发现，不作为型教养方式是最不成功的教养方式，这种方式下成长的孩子具有较高的攻击性和易怒性，还有的孩子会表现出行为失调，随着年龄的增长成为自私、叛逆的青少年的可能性极大。

权威型教养的孩子在父母的关注和接纳的环境下长大，这种关爱会帮助孩子学会合理的表达、理性的沟通。他们会随着年龄的增长更具有独立性和独立思考能力，他们在交友上会更为成熟，这些孩子更有自控性，更能远离不良的同伴。

相较于权威型教养方式下长大的孩子，专制型教养方式成长下的孩子因为被父母严格要求，会严重地依赖父母，这些苛刻的纪律会限制孩子的自主性的发展，在他们成长到青少年时，会在他们的自主性和自信等方面体现出来。他们可能会变得叛逆，或者缺少自主能力和缺乏自信，甚至焦虑、抑郁，这些都不利于孩子的社交。

该怎么做，才能帮助孩子开始自己的人际交往呢？

打造一个权威型教养方式的家庭。正如前面提到的，教养方式对孩子未来的为人处世有着极大的影响，那么我们在与孩子相处时，应该尽量建立权威型教养方式。为孩子营造一个民主的家庭环境，让孩子感到被爱、被关注，对孩子提出要求的同时，也给他们时间和空间去消化、理解这些要求；也接纳孩子的质疑和行为上的反复。权威型教养方式是为孩子未来社交打下的最坚实的基础。

为孩子提供一个好的交友环境。好的交友环境取决于我们自己家庭的偏好。如果我们认为孩子应该多去运动，那么运动场所、户外就是孩子最好的交友场地。如果我们认为孩子应该多去结交有相同爱好的同伴，那么了解孩子的爱好，然后通过参加活动去认识跟他有共同爱好的孩子。譬如，孩子喜欢游泳，除了带他学习游泳外，还可以报名参加游泳班组织的各项课余活动；孩子喜欢画画，就要鼓励孩子去参加课外写生小组，这对孩子结识新朋友很有帮助。除此之外，图书馆、公园、家附近的公共活动区域、小区内，这些地方都是很好的可能会帮助孩子遇到小朋友的场所，我们都可以在节假日，带孩子一同前往。

平时做好孩子社交示范。家长是孩子社交的第一任老师，家长的言行就是孩子未来的沟通模式。这种说法可能会给家长很大的压力，但是孩子每天都在观察父母的一言一行。无形中，父母处理事情、与人沟通的方式，都在不断地向孩子渗透，孩子就像一块海绵，把好的、不好的都吸收进来。但是我们无须过于担心，每个人都有每个人的行为处世的方式，每个家庭都有自己认可的价值观念，我们只需做好自己，调整好自己的状态，认可自己的言行，放松并且避免焦虑，那么孩子就会在一个轻松的氛围内自然地生长。

多关注社交方面的引导。如果我们觉得孩子在社交方面可能存在问题或者需要提高，那么我们可以多利用家庭时间，来着重加强孩子这方面的引导。我们可以多与孩子讨论一些问题，来增强孩子在社交方面的认知。譬如，让孩子思考，如何成为好主人，才能让来访的客人感到舒适？怎么知道对方在跟你聊天后，心情是否愉快？参加外出活动前，有没有提前准备一些可以大家一起玩的游戏？这些问题可以引发孩子在社交方面的思考，帮助他们不断完善自己的社交习惯。

接纳自己的孩子。每个孩子都不一样，每个孩子都有自己的特点，如果我们的孩子很内向、很害羞，也不要太过于焦虑，避免过分用力地去敦促孩子交友。而且，研究显示，害羞、内向的孩子彼此间会互相喜欢，他们更可能会彼此选择做朋友。而且朋友也不是越多越好，这一点我们会在后面的章节中详细地讲解。总之，让孩子感觉舒服是最好的交友体验。

我们没有必要去让孩子成为社交达人，成为班上最受欢迎的那个，我们只需轻轻地推一下孩子，帮助孩子打开友谊的大门，找到一个属于他自己的新世界即可。

第六节　家长：请让孩子远离暴力沟通

“陈可欣！你又乱扔袜子了！”

“小崽子，你赶紧下来，你看你摔断腿的！”

“你再看电视，早晚被退学！”

“跟你爸一个样！做事永远是有头没尾的！”

“你这么做对吗？你看看人家怎么做的！”

“这东西能吃吗？你吃啊？！”

“你表现得非常不好！”

“你非要来公园的，来了你又不玩！”

这些语句很熟悉吗？至少在我的原生家庭里会经常听到。当我还未离开家时，我对此毫无意识。当我成年后，离开了家，离开了那个环境，并且和一个完全不同生长环境下长大的人在一起开始生活后，我才发现，很多语言已经内化到我的身体里。这些语句已经形成了一种固定句型，虽然我对它们充满了排斥，很少或者几乎不用它们，但是它们始终在我的头脑中浮现。在吵架、愤怒时，它们就会喷涌而出。

语言的力量

如果我们观察一个正在学习语言的孩子，当他发出第一个词“baba”时，他感受到了周围人对他的关注、欣喜，甚至是欢呼、亲吻，这样的语言带给周围人快乐，周围人的快乐也传递给他，让他更加兴奋地不断重复着“baba, baba”，这是孩子第一次感受到语言的力量。这是语言积极力量的感受。

语言的力量也在影响我们的生活。我们说出来的话，带给周围人是快乐的，痛苦的，还是被忽视的？美国非暴力沟通专家马歇尔·卢森堡针对日常中的语言进行了研究，并首次提出了“非暴力沟通”的概念，他将常见的语言暴力归纳为 4 种类型。

道德批判：对他人的评价反映了我们的需求和价值观，道德批判是从道德的角度对人进行评判，如果一个人的行为不符合我们的价值观，那么我们认为他是不道德的，或者是邪恶的。

道德批判是从“我”的角度出发，凡是跟“我”的观念不一致的，“我”都会对他不认可，甚至是抨击、打压、批判。“好孩子”“坏孩子”“马虎”“粘人”，这些都暗含着我们自己对事物的认知，传递着我们的价值观念。而对孩子的成长来说，长期接受道德批判，会让他们不断地否定自己，不断地接受负面的压力，限制他们自我和自我价值的自由成长，而且他们很快也会学会这种沟通方式，体现在他们与朋友的沟通中。

当孩子面对朋友时，偶尔地评价别人、指责或者抱怨，会给朋友传递一种盛气凌人的压迫感，时间久了，总是被指责的朋友要么选择远离孩子，要么心中承受压力，当压力积累到一定程度，很有可能导致朋友关系破裂。

进行比较：比较也是批判的一种方式，是将人与人进行比较，这个更为常见。最常见的例子，就是“别人家孩子”“你看人家孩子”……这是我们还是孩子时最反感的一句话。可是当妈妈的往往认为，我说的是实情啊，你就是不如别人家孩子学习好、懂事啊，怎么还不让说啊？

妈妈的目的是想通过比较激发孩子的动力，让孩子能够找到榜样，来改正孩子的缺点、弥补孩子的不足。殊不知，这对孩子是一种长期的自我否定和不认同，也是在不断地传递一种价值取向：眼睛向外看，忽略自身优势，否定自己，忽略自身感受和价值，形成讨好型人格、低自尊、自卑等性格特点。

这种批判的方式更是人际关系中的绊脚石，当我们对朋友传递出一种比较的心态时，这也是在传递我们对对方的不信任、不满意、不在乎。特别是在亲密关系中，这种比较型语言暴力极具破坏性甚至是摧毁性的伤害。

回避责任：回避责任最常见的句型是“为了你！”“就是因为有了你！我才不得不……”“我不想休息啊！还不是因为得看着你！”“我哪有空啊！不都照顾你了！”当我们面对问题时，有内归因和外归因，而回避责任就是将出现的一切都归于外在。

我们可以找到千万个“理由”把原因归于外在，甚至大多数的时候，我们自己都没有意识到这不是问题的根本，我们真的就信以为真，给自己一个不去面对问题的根本理由。

这种回避责任，是对自我的迷失，是对权威的盲从，是对真实感受的逃避。这类人很多是因为胆怯、害怕和恐惧而不敢面对，更映射出自己内心的不自信。他们不仅仅是在回避责任，更多的是在回避真实的自己。

如果在家庭中，他们会不断地将压力转移，把本该自己承担的责任，推卸到孩子身上——因为你，我才跟你爸过到现在！伤害家庭成员的感情——我恨透了家务，还不是因为你——不停地抱怨，将心中的怨气传递给家庭中的每一个人，阻碍爱的沟通。这种回避责任式的沟通，也在不断地传递给孩子这样的信号——原来这些都不是我需要承担的，这也是人际交往中的大忌。

强人所难：对他人的要求暗含威胁。“如果你不答应我，我就死给你看。”这是一个非常典型的、极端的、强人所难的句式，是直接的胁迫，而有时，这种胁迫是先抑后扬的。他们先以请求的姿态提出要求，在得不到满意的答复时，威胁马上跟着出来。

“我这么做都是为你好。”

“我是因为爱你，才关心你的行踪，才不停地给你打电话。”

“你当我愿意管你啊，还不是因为你是我女儿！”

这类家长多数是控制型人格，他们用“爱”的名义，过分地干涉孩子的成长，他们期待孩子按照自己想象的方式活动、说话、学习，长成自己想象的样子，过上自己想象的适合孩子的生活，最终的目的是渴望达到或者完成自己的心愿。而这一切的初心，他们都认为是“为你好”。

这类人大多数能量很强大，他们是公认的好妈妈、好老师、好父亲、好领导、理想伴侣，他们让人感觉总是在从对方的角度考虑问题，他们提出来的意见也是具有建设性的，他们还表示会尊重孩子或者伴侣的意见，他们还会伸出援助之手，在对方的成长道路上推上一把。

在这种操控下成长起来的孩子，会有很长的一段时间依赖父母的安排，他们可能会在父母的安排下走得很远、很顺利、很成功。他们甚至会很早地进入家庭，选择“理想”的伴侣，开始搭建自己的家庭。然而当他们真正开始自我觉醒时，他们会发现，自己所拥有的并不是自己想要的。反抗意识强的孩子，甚至会义无反顾地推翻一切。还有一部分，他们可能一直都将父母的价值观当成自己的价值观，把父母的意愿当成自己的意愿，一直为了完成父母的意愿而努力。当有一天，父母老去，不再能掌控自己时，他们陷入了迷茫。

印度哲学家克里希那穆提曾说：“不带评论的观察是人类智力的最高形式。”但是对大多数人来说，只观察、不评判，真的很难。上面提到的沟通中的暴力，我们或多或少都会存在。我们每个人在成长过程中都不断地形成自我和自我价值，我们对待事物的看法逐渐与其他人割裂开来，形成了万千世界中的不同的那个，我们的孩子也是如此。

当孩子从母体中分离出来，他开始观察这个新的环境，吸收这个环境中的一切，不断地内化、碰撞形成完整的自己——独一无二的自己。而我们却还停留在，甚至有的家长会一直停留在“他是个小孩，他什么都不懂”的状态。这就是对孩子最常见的一个评判。因为他“什么都不懂”，他在做事情时，我们就会不断地在旁边指点，总想让他用我们认为最“好”的办法去解决问题；因为他“什么都不懂”，我们就可以随便否定他的要求，自认为那对他并没有益处；因为他“什么都不懂”，我们总要去把我们的观点强加给他，甚至把我们未达成的人生愿望转嫁给孩子。这都是语言的暴力，都在打着“爱”的名义，但是却在剥夺孩子的自信、自立、自我，在阻挠孩子成为他自己。

我们怎样可以改变自己已经习惯的暴力沟通模式

首先，我们需要看见自己。我们要看见自己的需求、期待，体会自己的感受，我们只有看见自己，才能了解自己，从而不断地练习表达自己的感受。

卢森堡博士也给了我们 4 个步骤来完成暴力沟通到非暴力沟通的转化：观察事实→表达感受→讲出需求→提出请求。

例如：“你怎么总是看电视？你不考试了？你这样能考上大学吗？赶紧给我学习去！”

可以改为：“这周你看了 3 次电视，比我们商定好的次数要多（观察事实）。我很担心你（表达感受），是快考试了，压力太大了吗？妈妈希望你能找到自己原有的状态（讲出需求），你一定可以的！”

人们总是将自己的需求和感受掩饰起来，用反问、疑问和批评指责的方式来传递自己的需求。这样的结果往往是两败俱伤：对方没有办法理解自己，我们一方面继续指责别人的冷漠、无情；另一方面舔舐自己受伤的内心。而对方往往是自己最在乎的人，他们一方面看到我们的愤怒和无助；另一方面渴望关心我们、帮助我们，而我们却把他们拒之门外。就像刺猬，包起自己柔软的部分，用刺来保护自己，却伤到他人，让人无法靠近。

如果我们可以看见自己、认可自己，相信自己值得被爱、值得被关注，然后鼓起勇气，敞开自己，将自己的需求、感受传递给对方，哪怕是你认为“他还小”的孩子，这都是一次良性沟通的开始，这值得我们去尝试。

第七节　孩子对不起，妈妈也“认生”

孩子上幼儿园好几天了，我们却久久地不愿意凑上前去，跟老师好好“沟通下感情”。

孩子班上开家长会，别的家长都在分享育儿心得时，我们总是“溜边”坐在角落里，用手机掩饰尴尬的那个。

在单位，想到要给客户打电话，从早上惦记到晚上，电话还是久久没有拨出。

明明跟同事一路回家，为了躲开，刻意绕行。

终于约好了周末见面，出门前还是把它推了。

这就是“认生”的状态，一种见到陌生人有些尴尬，甚至害怕，不知道该如何应对陌生人和陌生的环境，在陌生的环境中无法发挥正常的水平。“认生”的感受并不罕见，甚至有研究成果统计，全球有 60% 的人存在“认生”情绪，美国有 10% ～ 15% 的人患有“社交恐惧症”，有超过 50% 的大学生认为自己是“经常发生‘认生’”的情况。日本精神科医师、认知行为治疗专家清水荣司在他的书中指出，仅日本，就有近 1 亿人有“认生”的状态。

有的人“认生”情绪是短暂的，他们在特定的情景下，会出现“紧张、害羞、不知该怎么做”的情况，比如，在新奇的、窘迫的、有压力的（被临时安排上台表演节目、讲话）情景下。有的人是持续性的“认生”，长期不愿意和陌生人，甚至是不愿意跟人交往，或者说尽量回避跟人交往。研究者发现，不存在“认生”感受的成人很少，无论在美国还是在其他国家。

什么样性格的人会“认生”

心理学家艾森克提出了5因素模型，这也是近年来被广泛认同的对人的性格描述。

外倾性：健谈的、精力充沛的、果断的、安静的、有保留的、害羞的。

宜人性：有同情心的、善良的、亲切的、冷淡的、好争吵的、残酷的。

尽责性：有组织的、负责的、谨慎的、马虎的、轻率的、不负责任的。

情绪稳定性：稳定的、冷静的、满足的、焦虑的、不稳定的、喜怒无常的。

开放性：有创造性的、聪明的、开放的、简单的、肤浅的、不聪明的。

该模型认为每个人的性格都是由这5种因素组合而成的，每个维度都是两级的，与维度名称相似的是较高的一级，相反的是较低的一级。

与“认生”相关的维度分别是外倾性和情绪稳定性。这两个维度又会生成4种性格类型的人：外向敏感、内向敏感、外向不敏感和内向不敏感。这4种人中，内向敏感型和内向不敏感型就可能是我们关注的“认生”的人。

“认生”遗传吗

我们常听到这样的话：“你跟你爸一个样！不爱说话！”“你像外婆一样急躁并且固执。”然而如果我们有兄弟姐妹，就会发现兄弟姐妹之间的性格并不相同。我们的基因决定我们的身体特征，如身高、眼睛的颜色、皮肤、体型。有研究认为，基因也会影响某些人格特质，如认生。但是，研究者也指出，我们“认生”并非完全取决于基因。

美国精神科医生、遗传学学者克洛宁格教授倡导气质与性格相互作用的观点，即人的个性是由气质和性格相互作用后的结果。他指出，气质是先天形成的性质，性格是后天形成的，非遗传而来的性质。气质难以改变，但是性格是可以发生变化的，它是可以成长的。

有证据表明，有 15% ～ 20% 的孩子出生就带有抑制型气质，这些与生俱来的生物学特性，可能会让这些孩子在未来面对陌生人时，出现“认生”的反应。但是更多的研究者认同克洛宁格的观点。他们认为人们面对可能出现“认生”反应的情况时，他们如何处理这次情况会影响他们类似情况的未来反应。例如，如果“认生”的人一点一点地接触新人、新事物，慢慢地，他就会感觉更有自信和自在，但是如果他们没做好准备，再次经历不好的体验，或者陷入困境，这就会使他们缩回到壳里，更加“认生”。

所以，无论我们是否“认生”、无论我们的孩子是否遗传了

“认生”，这都是可以通过后天的“锻炼”逐渐改变的。

孩子会“认生”吗

答案是肯定的。婴儿期和幼儿期的“认生”被认为是一种天然的自我防御，是非常正常的。

当幼儿期的孩子粘着父母、在外面看见陌生人会哭，不去跟陌生人讲话、互动，而是把自己隐藏起来，甚至跑开或者闭上眼睛……这些都是孩子“认生”的反应。

学龄前的孩子不喜欢跟他们不熟悉的人讲话、喜欢藏在父母身后、不愿意加入游戏中；上学后的孩子在课堂上不喜欢回答问题，或者出现交友困难、在同学面前不敢讲话，等等。

婴儿期的“认生”：当孩子跟父母产生依恋的同时，“认生”也就开始发生了。这是孩子成长的一个新的标志，是孩子社会化发展的一种表现，我们也称为分离焦虑。一般从 5 ～ 6 个月开始，8 ～ 9 个月明显，12 个月到达高峰，持续到 18 个月或者会更久。

幼儿期的“认生”：幼儿期的孩子可以记住一些熟悉的人的脸庞，这让他们可以区分熟人和陌生人。他们也开始逐渐地接触陌生的环境、认识同伴，这时他们的“认生”情况会慢慢好转。

有些孩子生来就比较“认生”，他们遇到陌生人会非常“害羞”，他们“慢热”，他们很难和人开始交往，但是一旦他们开始交往朋友，就会交往得很好。有的孩子随着年龄的增长，在上学期间就逐渐地不再“认生”了，有一些孩子则会一直“认生”。

为什么孩子会“认生”

正如我们提到，孩子“认生”的一部分原因来自遗传，或者说是所谓的天性，生而“认生”。这些孩子从一生下来，对不熟悉的人与环境就会有不同寻常的谨慎和缄默。注意，我这里强调的是“不同寻常”的谨慎和缄默，大多数的孩子都会对陌生人保持谨慎，特别是对男性保持警惕。

而另一部分孩子，是来自教养。如果孩子在幼年，在与同伴互动时，或者在初步入社交环境时，经历了不好的甚至是打击的体验，这会让孩子对社交产生恐惧，这种恐惧有时会带到成年。同样，家庭教养方式过于强调外在的美丽和活动中取得成功才会被人喜爱，过分地强调结果的重要性，会让孩子有很大的压力，所以产生逃避的念头。

“认生”的孩子怎么办

对小朋友来说，大多数孩子的“认生”行为，会随着年龄的增长、家长在教养过程中的鼓励，随着他们逐渐在社交中一步步地获得他人的认可，逐渐地变好，直至消失。

“认生”的孩子，究其心理层面的原因，大多是在社交方面缺少自信的。而自信是建立在每一次小的成功和小的突破上的，所以，我们要让他们不断地获得社交上的成功，从而提高他们的自信，让他们不再为“陌生人”的见面而担忧。

我们可以不断地鼓励孩子走出家门，让他们多去接触人，多去参加活动，并且在孩子参加活动前，帮助孩子做好活动前的准备。我们准备得越好，孩子的焦虑就越少。譬如，在孩子参加同学生日宴会之前，我们可以帮助孩子在家里演练生日宴上的“见面”活动，与他们一起去设想一些见面的场景，这会让孩子在走出家门时感觉更加自信。

给孩子时间，让孩子多谈谈自己的感受，我们无须评论和支招，只需做一个耐心的聆听者。同时与他们分享，妈妈也“认生”，妈妈“认生”时的一些感受，告诉他们“认生”是一种常态，分享自己克服“认生”的小技巧。

让孩子多做运动，运动也会增强孩子的自信和胆量。

帮助孩子消除头脑中的一些负面的假设和自我怀疑，如“那个孩子是不是不喜欢我”，帮助孩子减少自己头脑中的负面评价，多给孩子一些正向的鼓励。譬如，上次我看你和小逸玩得很开心啊！不断地鼓励他，他做得很棒！

避免负面的评价，避免强迫孩子，避免将自己的孩子和其他孩子做比较。

有时，我们的孩子可能只是内向，并不代表他们没有朋友或者不会社交，我们无须过分关注他们“认生”的行为，在后续的章节中我会详细地讲解。

当孩子出现一些特殊“认生”情况时，我们需要格外的关注

当他拒绝出门时。

当一跟他提到学校或者外出活动就可以明显地感到他的焦虑时。

当他说感觉孤独，有一种被伙伴排斥的感受时。

当孩子的班主任找上门，说孩子在班级里不爱回答问题时。

这说明孩子有可能已经从“认生”发展到“焦虑”了，这时，我们需要关注他的“认生”的行为，并且适时为他寻找干预和帮助了。

还有一种隐患

随着孩子越来越早地使用手机和平板电脑，互联网也越来越贴近生活，孩子完全可以不用真的与人见面，就可以获得社交满足感。他们完全不需要面对面的接触，只要有网络，一切都可以通过网络实现。

如今，孩子从上课、作业、课后活动到社交活动全部可以在网上实现。的确，通过互联网，孩子可以完成甚至是出色地完成学习任务，同时互联网还满足了孩子的娱乐需求、社交需求、情感需求等，但这却让我们感受到一些前所未有的担忧。

未来的孩子还会面对面地接触吗？他们还会有人与人之间正常沟通和交往的能力吗？还是我们现在这种需要见面的交往方式已经过时了，在不久的将来就会被淘汰了？一切未知。

第三章

学校：丛林里的生存法则

第一节　幼儿园：丛林生活的初体验（上）

孩子可以去幼儿园了吗？他们准备好了吗？怎么能让孩子顺利地从家里过渡到幼儿园里？如何让他们能够在幼儿园里获得快乐、幸福的体验？他们可以找到自己的朋友吗？他们可以适应这个社交群体吗？

当孩子到了三四岁时，家长都在慎重地考虑是否送孩子去幼儿园、送孩子去怎样的幼儿园的问题。家长也非常担心孩子进入幼儿园之后的情况，担心孩子能否适应幼儿园的集体生活。

对孩子来说，他们第一次离开家里、离开亲密的照顾者，进入一个新的环境，多多少少都会有一些不适应，这对他们来说是一个极大的挑战。

初入幼儿园孩子面临哪些挑战

分离焦虑。孩子在幼儿园里需要独自跟一些全然陌生的孩子、老师待上 4 ～ 8 个小时，见不到自己熟悉的妈妈或者照顾者，孩子会出现焦虑的情况。哭泣、闹情绪、紧贴妈妈不离开、拒绝去幼儿园、故意不起床、不吃早饭、磨蹭，甚至生病都有可能发生。

找不到伴儿。孩子从出生到幼儿园之前，基本都是待在家里，有父母或者陪伴者陪伴。家长以孩子为中心的陪伴，随时满足孩子的需求。然而到了幼儿园，孩子将不再是幼儿园的中心，他们与同伴是同一个平面内的直线，大家可以平行（各玩各的），可以相交（一起玩）。对幼儿来说，从独自玩到并行玩，逐渐发展到一起玩，和群体玩，每个阶段都是一次成长，都需要孩子的社交能力不断地提高。

自我控制。幼儿园是一个集体，也是一个社交圈，对孩子来说，孩子将面临很多新的规矩。吃饭、睡觉、游戏……他们不再是随心所欲地按着自己的节奏打发每一天的时光，他们需要跟随着这个集体，适应这个集体，遵守这个集体的规则。这对他们的自制力是一个极大的挑战。

社交挑战。无论在上幼儿园前是社交小达人，还是害羞孩子，在幼儿园都面临着同样的、新的开始和新的挑战。他们除了寻找伙伴和朋友，他们还会出现划分地盘、冲突、攻击、抢夺等一系列矛盾。这时孩子还需要面对如何处理纷争、如何保护自己、如何和解等一系列社交问题。

我们的孩子准备好了吗？

周围时常有家长询问：孩子每次被送去幼儿园的路上都一直哭，接回家时，孩子眼睛都哭肿了，我是不是不要送他去了？

还有的家长抱怨：孩子只要一去幼儿园就生病，一生病就要接回家里养，等养好了，孩子又要重新适应幼儿园，一送去搞不好又病了。我交一年的幼儿园费用，孩子多数时间都在家里养病，这幼儿园去得不值当。

决定是否送孩子去幼儿园对家长来说是一项艰巨的任务。这个决定取决于父母，因为父母是最了解孩子的人，这对父母也是一次考验，父母常常担心所做的决定是不是正确的，会不会耽误孩子的发展，或者过早地将孩子推向了社会。我这里可以给到父母一些参考。

年龄不是必要因素。当我们讨论孩子是否具备上幼儿园的条件时，如果只考虑年龄是不恰当的。特别是现如今，国内很多私立幼儿园，入园制度相对灵活，家长不必再受限于孩子的年龄，我们更需要关注孩子的心理发育情况，再决定是否送孩子去幼儿园。

智力发展水平也不是必要因素。有的幼儿园会通过一些测试来评估孩子的能力，再确定是否接收孩子，以及将孩子分到哪个等级的班级。他们大多数只会针对孩子的智力发展、知识能力、生活技能进行考查，譬如，孩子是否认识拼音、是否识字、是否认识数字、是否可以区分颜色、形状等学术技能，能否自己吃饭、穿衣服、使用笔写字、是否会骑自行车等身体发育和生活技能。

上述这些的确是评价孩子生理发育、智力发育的指标，且评价方法都是客观的、简单易行的。但是从心理学和教育学角度，我会更重视孩子的心理发育程度是否达到入园的水平。小朋友只有在心理上具备接纳幼儿园的能力，在心理上可以融入幼儿园、融入集体中，他们才会在幼儿园这个集体中健康地成长、学习、交朋友。

我们可以思考以下的问题，来判断孩子是否具备去幼儿园的能力。

您的孩子自信吗？他在几个人的团队中感觉舒服吗？

您的孩子可以承受分离吗？可以承受多久的分离呢？是 1 个

小时，半天？还是一整天都没问题？

您的孩子可以应对他的情绪和冲动吗？

您的孩子在公共场所（如图书馆、剧院、活动中心）能够遵守公共场所的规定吗？

您的孩子在一对一的游戏中表现怎么样？

您的孩子有朋友吗？

您的孩子可以明确地将他的需求告知成人吗？

您的孩子的分享行为怎么样？

您的孩子可以承受任务的挑战吗？甚至是他不喜欢或者不擅长的？

您的孩子是否对学习新事物好奇和感兴趣？

如何帮助我们的孩子更好地为幼儿园生活做准备

研究表明，延误入园的孩子，在前两年，他们的学术技能并不会出现明显的差异，所以我们不必担心晚送孩子去幼儿园会影响孩子未来的学业，我们可以给孩子更多的时间去准备。

我们要保证孩子健康。孩子从家庭到集体，他们会面临很多与小朋友亲密接触的机会，难免在流感盛行的季节被感染。良好的身体健康对孩子来说是天然的防御，也是孩子未来学习的保障。确保孩子规律的睡眠和健康饮食，以及足够的体育锻炼，并按时接种疫苗。

我们要跟踪孩子的身体发展。我们要随时了解孩子的身体发育情况，保证孩子的发育处于正常的水平，同时我们要了解孩子运动能力的发展情况、语言能力和社会能力的情况是否符合标准，如果不满足标准，我们要及时地干预，这样才可以保障孩子到了学龄期可以按时入园。

鼓励孩子在家里练习大声地朗读。大声地朗读不仅仅是促进孩子识字能力的发育，它更帮助孩子发展这些能力：锻炼孩子的自信心，促进孩子情感能力的发育，增强孩子对文字的理解能力，增加孩子的词汇量，促进孩子社交能力的提升，学习数字、形状和颜色，激励孩子，让孩子听到自己的声音——自我意识。

组织亲子游戏。能够陪伴孩子一起做游戏，对孩子的身体、心理上的成长至关重要。游戏也是促进孩子社交能力、情感能力发展的最有力的方法。游戏可以改善身体健康、培养孩子的创造力和想象力，发展孩子的友谊、社交技能和情感技能，学习分享和解决问题的能力，培养孩子的韧性和承受挑战，增加孩子的学习动力。

带领孩子走出家门。在孩子进入幼儿园之前，还有很多公共场所可以帮助孩子适应幼儿园的社交圈。譬如，独立项目的启蒙课程（幼儿绘画、幼儿手工课等）、博物馆、动物园、城市公园、图书馆或者书店、自行组织的幼儿群体。在这些场合，可以帮助孩子了解集体与个人的关系，让孩子了解制度、规则，让孩子尝试着与其他孩子共同玩耍、分享、游戏，激发孩子对大千世界的好奇心，从而激发他们的学习动力，让孩子从多个角度认知他们所在的社会，这对孩子社会性的发展非常重要。

准备第一天。第一天的感受对孩子非常重要。我们需要提前几周着手准备。我们最好可以带孩子提前访问幼儿园，让孩子对幼儿园有一个初步的了解。我们需要提前将孩子的作息时间调整到与幼儿园时间同步，按着幼儿园的时间让孩子起床、吃饭、睡午觉。跟孩子讨论幼儿园，并听听孩子对幼儿园的一切担忧。选择一些绘本和书籍，来帮助孩子了解未来的集体生活可能会发生些什么以及如何应对。

相信孩子。最后，我们要相信我们的孩子，他们可能需要一些时间来适应，他们可能会出现哭泣、生病、逃避，但是这都是他们成长的一部分，痛并快乐着。

第二节　幼儿园：丛林生活的初体验（下）

“三贝认识字了吗？我们家小宇认识的字还不到 10 个，这在幼儿园能跟上吗？”

“三贝认识几十个字了，但是她查数进展特别慢，我比较担心她的数学，小宇会查数了吗？”

“他可以查到 100 了！我想送他去补习下语文，我担心他语文基础会不牢靠。”

“这也太早了吧，他才 4 岁！”

当孩子顺利进入幼儿园后，家长又开始为孩子的“学业”担忧，除了幼儿园的课内学习内容外，家长还会给孩子选课，如英语、数学加强、口才……忙得不亦乐乎。

在《不再错爱孩子》一书中，作者戴维·埃尔金德提出，孩子的教育被我们推动得越来越早，甚至已经有阅读项目是针对 6 ～ 9 岁的儿童，让他们做好文字技能的准备。在幼儿园中，许多孩子每天要用 4 ～ 8 小时来完成学术学习。这让孩子没有时间来根据自己的意愿玩耍和社会化，我们把孩子变得复杂了。

第一节我们提到，孩子来到幼儿园，首先要调整好自己，做好心理准备，尽快地适应幼儿园的集体生活，在这个新的社交圈中找到一席之地，这样才能顺利地开始他的社会化发展。所以，我们认为，幼儿园的首要职能是帮助孩子顺利地度过这段从家庭到幼儿园这个小社会体的社会化转变，帮助孩子学习，适应幼儿园这个有规则、有制度的集体生活，满足孩子在这个年龄阶段的同辈社交需求，让孩子体验同辈之间的社交关系，逐渐开始搭建自己的社交圈。

幼儿园的孩子会面对哪些社交问题

如何与其他小朋友一起玩。玩是孩子幼年期最重要的一项活动，孩子通过玩来学习（没错，孩子就是通过玩来学习的，他们在玩中自主观察、发现学习，这对儿童的发展非常有益），通过玩来社交，了解人与人之间的关系，了解集体规则，了解界限与分享……玩的益处太多了。

对幼儿期的孩子来说，玩是一个充满能量的互动，他们需要在这个活动中不断地与人交互，来满足他们的社交需求。他们在玩中学会讨价还价、解决问题、轮流与分享、共同实践……幼儿园就是这样一个为孩子提供场景，让孩子通过玩来学习这些社交技能的场所。虽然舞蹈课、足球训练等活动项目也可以让孩子相聚在一起，用竞技的方式感受同伴之间的交互关系，但是孩子需要大量的时间参与一些非结构化的同伴玩耍，在这样的互动中，孩子不需要成人的指导和监督，他们彼此在一起摩擦、成长。

如何解决问题。孩子在一起玩，一定会出现矛盾和争执，甚至是打闹。他们都想霸占园内活动场上的滑滑梯，争夺唯一的秋千，无意的碰撞导致打闹……孩子之间的矛盾总是围绕着玩具的争夺、身体碰撞、互相报复、主动招惹这些类型。

对孩子来说，每一次争执都是一次成长的机会，我们尽量不要去干涉他们互相摩擦、最后达成一致的解决问题的过程，这是他们学习在集体生活的机会。我们告诉孩子“打架不好”“不许打架”，这都是从我们的眼光来评判孩子之间的矛盾，这对孩子是无效的，甚至有时会激怒孩子。孩子之间的解决办法，是他们之间的默契，我们可以要求孩子描述正在发生的矛盾，问孩子面对发生的矛盾他们能做些什么来解决，从而引发孩子去思考，但是我们不能替代和剥夺孩子解决问题的经历，这也是幼儿园里最有价值的人际关系的部分。

如何认出并且表达感受。能够感知周围情绪的孩子也能够更容易地和他人相处。年幼的孩子并不清楚自己的情绪，他们想哭就大哭一场，眼泪还挂在眼角，可能就因为下一件事情开始高兴。他们无法去调节自己忽然而至的情绪，也无法表达自己此刻的感受。

认知情绪和表达感受对于孩子的社交起到很关键的作用，如果他们没有办法做到这两点，而是在自己烦躁时，选择喊叫和扔东西；在自己恐惧时，选择逃跑和躲起来；在自己愤怒时，选择打架，那这会让他们在人际关系上遭遇巨大的困难。同时，他们的需求还总是处于未被满足的状态，这让他们总是处于一种心理受阻的状态，这种受阻会慢慢演化成内心的敌意和无力感，这对孩子是百害而无一益的。

另外，对幼儿来说，能够感受到他人的情感，对后续同理心的培养是有很大的好处的。在感受他人情感之前，我们需要先帮助孩子去认知他们的情绪。例如，在他们表现出一些情绪特征时，我们可以直接告诉他们：你现在很喜悦、很难过、很激动……我们也可以通过一些故事书中描绘的冲突和情感的情节，来帮助孩子体验这些情绪，当他们能够认出情绪以后，慢慢地在后续的人际交往中不断地去感受情绪、表达情绪。

如何乐于助人。在幼儿园期间，乐于助人的孩子是受欢迎的。乐于助人的行为，是一种利他行为，这需要孩子首先可以发现他人的需求，并且有能力满足对方的需求。

孩子并不是从一开始就可以准确地了解他人的需求的，这种利他行为需要孩子有共情的基础。共情是孩子体验他人情绪的能力，这是人类的一种天然的反应。譬如，孩子看到他人悲伤和难过时，自己也会有反应和感受。但是并不是所有孩子在感受到他人需要帮助的情况下，都会有利他行为的出现，这需要父母做一些努力。

当孩子出现利他行为时，我们需要及时地给予肯定，鼓励他们继续下去。最初，孩子的利他行为是发生在家里的。他们可能自己主动提出扔自己的纸尿裤，帮助丢垃圾，为家里的弟弟妹妹准备新的尿不湿，帮助他们换衣服。这时，我们需要给孩子这样的机会，让他们去做，并且表达感谢，将乐于助人值得称赞的逻辑理念灌输到孩子的头脑中。这些行为基础，将有助于孩子在参加幼儿园之后对其他同伴主动提供帮助。

如何控制冲动。冲动是大脑前额叶皮层控制执行功能的一部分，这个区域在幼年并没有发育成熟，需要在成年初期才可以完全发展。但是幼儿期是发展得最快的时期，所以，幼儿期是锻炼孩子控制冲动的最关键的时期，也是最重要的时期。

控制冲动，并不等同于训练孩子延迟满足，或者通过让孩子练习快速换挡来学习控制情绪的游戏。控制冲动并不是去人为地抑制孩子的需求、拒绝孩子的渴望、压抑孩子的情绪，这是错误的，是不值得提倡的。控制冲动，是让孩子在知道规则的前提下，合理地达成目标，而不是跟随自己的冲动随意行事。控制冲动的前提是有目标和规则，而不是压抑需求和抑制情绪。

控制冲动也是幼儿人际交往的必修课。孩子需要在集体中，为了一个整体的行动计划而执行自己的行动，而不是仅仅跟随着自己的冲动行事。这需要孩子不断地学习和训练才可以达到。孩子需要不断地练习抵制自己内部（本能的冲动）和外部的诱惑。譬如，已经确定好的小朋友在一起做活动，当孩子听到其他组玩游戏的欢笑声时，他们需要控制住自己想跑出去玩其他项目的冲动。

控制冲动还包括孩子需要学习遵守集体的规则和制度，有时制度会和他们的原始冲动产生矛盾。譬如，集体吃饭时，孩子想跑出去玩；集体外出活动时，孩子想吃饭，或者拒绝穿衣服。这些都是需要孩子在加入集体后不断练习，才能够越做越好。

对孩子来说，幼儿园是一个新奇的地方，他们在这里可以遇到跟他们一样的同伴，一起去不断地尝试他们内心的好奇，一起去学习、玩耍、参加有趣的活动，甚至是一起冒险。幼儿园又是一个充满挑战的地方，孩子需要学着去沟通、表达、社交、解决矛盾、控制自我，而这些幼儿园时期的社交和情感的发展，对孩子来说是至关重要的，这段时间孩子对集体生活的体验、对人与人之间如何交往形成的模式，对孩子的影响可能会持续一生的。

第三节　校园里的社交潜规则

“我没有太多朋友，大多数时间都是我自己一个人。我的朋友都是其他班级的，但是他们也有自己班级的朋友。我最好的朋友跟我差不多，我们喜欢一起看书，一起忧伤，所以每次见面之后，我都感觉更忧伤了。”

“我和小玲是同学，我们一起上学、放学，一起吃饭，但是我总觉得不了解她，我把她当成最好的朋友，但是她似乎还有更好的朋友，这让我很沮丧。”

随着孩子年龄的增长，社交带给孩子的快乐越来越多，而烦恼也随之而来。心理学研究者沙利文对青少年的亲密关系进行研究后提出，在青少年早期，亲密关系的心理重要性大幅增加，这与亲子关系不同，朋友在促进儿童和青少年的幸福感与发展方面发挥着巨大的作用。在青少年时期，青少年对亲密关系的需求逐渐增强，如果他们没有成功地形成亲密的友谊，他们会体验痛苦感和孤独感，自我价值感降低。

青少年时期社交的特点

青少年的社交更为稳定。对儿童来说，他们的社交范围与青少年的社交范围不同。儿童的社交主要集中在邻居（占多数）、父母的朋友的孩子、幼儿园的朋友（占少数），他们不像青少年的社交圈那样正式、稳定。到了青少年时期，孩子上学后，除了幼年的朋友圈子，他们的交友范围更广泛了，他们会有固定的同学，他们会开始参加固定的兴趣班、兴趣小组，他们会有固定的兴趣班同学，他们的朋友圈组成更为多样化，也更为稳定。

小集团（小帮派）的出现。青少年会有小集团出现，这个小团体人数有 2 ～ 12 人，一般是 5 ～ 6 个人。这些孩子多数是有相同兴趣、性别相同、年龄相仿的。他们可能是在班级中形成的（一般是住得比较近、上下学一起坐校车、参加同一个课后辅导班的同学），也可能是在课余兴趣班结识的人。他们最初只是一起活动，在活动中，慢慢地发展出了友谊。在这样的小集团中，还会有组织者出现，他们分享理念，一起出去玩，形成群内的认同。

小团体。几个小集团有时也会形成小团体。小团体比小集团更大，但是更松散。有时一个孩子可能会在很多小团体中出现。小团体一般是因为社交活动而聚集在一起，如聚会、比赛，有时也是因为共同的爱好聚集在一起，如摇滚乐队、合唱团……

这些都是青少年在脱离家庭、寻找他们同一性时，帮助他们成长的社交圈。在这些社交圈里，孩子可以充分地表达自己的价值观，尝试一些自己想要去转变的新角色。在这里，他们会找到归属感，他们彼此理解又彼此认同，有时爱情也会在这样的团体中诞生。

青少年的社交更加亲密。亲密度是指在关系中的自我表露和隐私分享，是友谊的一个重要特征。正如我们前面提到的，幼儿期的友谊更像是“玩伴”——孩子因为玩而在一起，他们很少会在一起谈论自我表露和互相理解的问题；青少年时期的友谊才更接近“友谊”——他们一同分享，一同解决问题，互相理解，互相表露心声，互相分享秘密。这种亲密的感觉给了他们温暖的、互相信任的感受。有研究显示，友谊的亲密度在 13 ～ 16 岁的青少年中比 10 ～ 13 岁的青少年中表现得更为突出。

青少年更因为相似而成为朋友。相似也是我们所说的“物以类聚，人以群分”的含义。这个特点在青少年的友谊中更为常见。他们大多喜欢同一个运动项目、同一个明星、同一款游戏、同一个电视剧，这让他们在一起有说不完的话，这种相似性带给他们极大的快乐。但是当他们的相似度降低时，他们的友谊也可能会面临破裂的风险。例如，他们会因为喜欢不同的偶像而彼此抨击，甚至吵架、冷战，他们会因为不同步——我想出去打篮球，而你总是在复习功课——而渐行渐远，青少年的友谊就是如此简单和脆弱。

青少年的社交挑战

渴望社交却又害怕。青少年时期对于社交的渴望比之前任何时期都要强，他们渴望与人交流，渴望获得支持，渴望知道别人眼中自己的样子，渴望用友谊来舒缓自己的压力。然而他们却会出现社交逃避的现象——害怕跟陌生人接触，总是担心别人的嘲笑，喜欢待在家里，社交感觉到压力……

这些孩子内心深处是极度渴望与人连接的，但是他们从表面看，却往往呈现拒人于千里之外的状态，这些孩子大多是缺乏自信的，害怕不被接纳，害怕受到伤害。他们可能曾在人际关系中遭受挫折，如被欺凌、被出卖、被嫌弃，所以他们为了不再去承受新的创伤，选择留在“舒适区”内——拒绝与外界沟通。他们的社交需求比任何人可能都要强烈，他们渴望被爱、被尊重、被接纳和被认同。

同伴压力带来的影响。友谊给青少年带来快乐，也带来压力。这个压力可能是积极的，也可能是消极的。他们可能会因为同伴说脏话也开始学着说脏话，因为同伴取笑老师、欺负同学而一起成为同伙。他们也可能因为同伴去图书馆学习而一同前往，因为同伴开始跑步而一起锻炼。对一个变化性、可塑性极大的青少年来说，因为有同伴，什么都有可能发生。

这也从另一个角度说明，孩子是有从众性的。这种从众性影响着他们生活的方方面面，也会给他们和父母之间带来很大的冲突。在青少年时期到来之前，孩子是父母的追随者，他们跟父母连接更为紧密，他们更依赖父母。但是随着年龄的增长，伴随着青春期的到来，他们更渴望尝试不一样的东西。此时，同伴对他们的影响增加，他们更喜欢跟同龄人一起冒险。他们的行为往往会与家长的价值观相悖，如果父母此时对孩子过于干涉，矛盾就出现了。

有研究表示，在孩子 9 年级（14 ～ 15 岁）时，父母和同伴的影响可能会遭遇强烈的冲突，这可能是因为，在这个年龄阶段，孩子的从众行为比其他任何一个时间段都强，而这个年龄阶段，也是青少年反社会行为发生的高潮。当孩子遵从同伴群体的反社会行为时，势必遭到父母的反对。研究者也发现，这个年龄阶段试图独立的孩子，会遭到父母更多的反对。

青少年社交的不稳定性。相较于童年，青少年友谊的稳定度更高，感情浓度也更高，但仍然处于变动中。青少年时期的主题是寻找自己的同一性，这对青少年来说，比什么都重要。他们可能会为了寻找自己，而去尝试做一个完全不同的自我，在这个过程中，他们的同伴关系也可能出现变动。

在这个成长过程中，还伴随着不安全感，这种不安全感有一部分来自生活的变化——他们面临升学的压力；还有一部分来自内心——渴望认同，但又缺乏自我认同；还有一部分来自外界——父母和同伴的压力。这让他们有时会异常的焦虑和伤感，让他们很容易受伤。他们有时会过分的敏感，会因为朋友的一个小举动而开始怀疑友谊的亲密性。他们有时会走到另一个极端，用自我保护的形式，拒绝沟通和建立亲密关系，这往往让他们陷入恶性循环中。

家长能做些什么

营造良好的家庭氛围。家庭是孩子的避风港，家庭也是孩子的加油站。青少年时期的孩子，虽然不再像幼儿一样愿意黏在家里，依靠着父母，但是他们仍希望从家庭获得支持和温暖，仍然渴望父母的关注和爱。在孩子需要时，父母应该多陪伴孩子，而不一定是依靠语言，语言对这个年龄的孩子来说，往往是最脆弱的反馈。多一些肢体动作，少一些干涉，多给孩子一些自由的空间，是对孩子这个时期最好的支持。

了解但不干涉孩子的社交圈。孩子从家长到同伴的过渡是必然的。孩子越来越喜欢跟同伴分享，回家后的沟通越来越少，这也许会给家长带来失落。家长带有情绪的追问，往往会增加家庭矛盾和孩子的反感，激发孩子逆反心理，这更会阻碍亲子关系和亲子沟通。但是过度的放纵孩子，任其与同伴自由发展也不是一个好的办法。所以，我们还是要让孩子感觉我们是跟他们一体的，在这个基础上，多去了解孩子的情况，但是并不能越俎代庖，过分地干涉他们的友谊。

增加孩子自信心。在变动的青少年时期，孩子需要外界的反馈来增加他们对自己的认知，正面的反馈（认同、赞赏）会增加孩子的自我认可，给予孩子内心的力量，负面的反馈（批评、指责）会在孩子动荡的内心上雪上加霜。帮助孩子正确地认知自己，比盲目地鼓励和肆意地批评都更具有说服力。让孩子学会客观地看待问题，客观地看到自己的优点，也客观地面对自己的缺点，从而帮助孩子更客观地认知自己。

增加孩子内心的力量。内心的力量源自对自己的认可，这些认可可以是来自旁人的反馈，也可以是自我探索中获得的成就感。适当的组织家庭活动可以帮助孩子。在活动中，孩子可以获得与社会、自然的接触，在碰撞中获得积极的力量。

第四节　那些以貌取人的友谊后来都怎么样了

胖孩子没朋友吗？漂亮的女孩子招人喜欢？

你的朋友都是戴眼镜的吗？

你的朋友是不是都是高个子？

友谊是一种独特的关系，它是人们社会情感领域中的重要的环节和组成部分。研究者总是在试图研究友谊到底是如何开始的，什么样的人会走在一起成为朋友。相貌会决定友谊吗？身材会决定我们的受欢迎程度吗？我们从小被告知不要以貌取人，待人要一视同仁，这个对友谊来说，行得通吗？

我更喜欢像我的人

有研究表示，人更倾向于跟自己类似的人聚在一起。譬如，戴眼镜的喜欢戴眼镜的，性别、种族甚至头发长度将决定谁会坐在谁的旁边。

这个针对人的外在形态特征和人与人之间的关系的研究一共分为 4 项，最终得出的结论：个体倾向于与自己相似的人交往，相似的内容并不是我们认为的那些偏向于内在的因素——个人价值观、态度、关系、社会圈子等。人们更可能会因为相同性别、戴眼镜、类似颜色的头发、类似长度的头发、身体比例等原因而坐在一起，因为相似的长相会让人们产生亲切感，交谈更自在，会开启一段良好的交流，甚至带来持久的友谊。

友谊初始阶段，外表发挥作用

还有一些研究证明，在友谊的初始阶段，人们更趋向于“用眼看”。在美国，研究人员发现，一张吸引人的脸更容易让人感到熟悉，让我们觉得“我们好像在哪儿见过”（即便是这事儿根本没有发生过）。就是这种熟悉的感觉可以解释，为什么我们会被一个有魅力的人吸引——因为跟他们在一起让我们感觉自在和熟悉——安全感。但研究表明，在选择朋友时，我们会选择跟自己吸引力程度相似的人，这与选择长期恋人的方式相同，我们会选择一个层次的吸引力的人作为终身伴侣。

外在形象对青少年交友的影响

对青少年来说，他们对自己外在形象的满意度会影响社交。青少年在青春期时，身体会发生一系列的变化，譬如，男孩肩膀变宽、身高快速增长，女孩胯骨变宽、乳房开始发育。如果青少年对自己的身体特征的变化（体形、体重）持积极看法，那么他们就会有较高水平的自尊，他们更容易建立积极的同伴关系；如果青少年对自己的身体特征的变化不满意，如肥胖、腿短、脸上有痘……这会让他们陷入自卑甚至抑郁，除了影响他们的人际关系外，严重的还将影响他们的身体健康。

据统计，与大多数男孩对自己身体形象积极的评价不同的是，处于青春期的女孩，大多对自己的身体评价较低，只有很少数女孩会对自己的身体形象表示满意。她们会受到社会和文化的宣传而过分在意自己的外表。譬如，她们总觉得自己不够苗条。她们会有意地选择肥大的，甚至是男性化的衣服来遮住自己的身体，但是这更让她们失去女孩该有的魅力，更暴露出内心的自卑。她们也许会刻意地进行节食，但是不良的饮食习惯除了对她们成长的身体有所影响外，长期的节食和不健康的体重控制策略，会增加青少年患上轻度抑郁症和厌食症的可能性。

研究者还提出，最好的情况是增加青少年在家的用餐次数。研究表明，青少年在家用餐往往能培养出较高水平的自尊，而较高水平的自尊又是预防对自身满意度不高的潜在的最为重要的一个因素，也是影响人际关系的一个重要因素。所以，研究者建议，有条件的话，青少年应该用更多的时间与家人在一起吃饭。积极的用餐行为会降低青少年肥胖的风险。

最令我们痛心的是，青少年对身体形象满意度的两个评价指标——身体意向（青少年认为自己具有的身体形象）和理想的身体意向（青少年所认为的完美身体形象）都是主观的，完全取决于青少年自身。而社会和文化的宣传不断地传递给青少年一些极端的魅力指数，譬如，双眼皮，白净无瑕的皮肤，尖下巴，大长腿……这让青少年陷入审美误区，让他们极端地认为，只有具备这样的外在，才有魅力，才配有人喜欢，才会增强他们的自信心。这会让青少年越来越关注自己的外在，对自己的满意度持续降低，陷入越来越不自信、越不自信越缺乏魅力、越影响自己的人际关系的恶性循环。这不仅仅是家长的责任，还有社会、学校的责任。

早熟对青少年交友的影响

我们成熟得越来越早了，在 1900 年，女生初潮的平均年龄在 14 ～ 15 岁，而到了 1950 年，变成 13.5 ～ 14 岁，到现在已经降到 12 岁左右。

早熟是指女孩在 8 岁以前、男孩在 9 岁以前进入青春发育期。对男孩来说，有研究表示，早熟的孩子在各类社交场合下表现得更为自信，更有可能获得运动方面的奖励，在学生组织的选举中更容易胜出。而晚熟的孩子，不仅在社交方面表现较差，在学习动机方面也会更低，成绩会更差。

对女孩来说，早熟带给社交的影响可能更为复杂一些。一些研究发现，早熟的女孩虽然可能对自己过早发育的乳房有积极的看法，会让她们更加自信，但是也有研究表示，她们会变得不喜欢和他人交往，受欢迎程度也会降低。她们可能会受到同伴的嘲笑，因为她们过早发育的身体。这让她们很难在同龄人处获得理解和认同，所以早熟的女孩一般会找一些年龄较大的伙伴作为朋友。而这可能会带来新的风险——过早地开始恋爱，或者染上一些恶习，因为她们的自控能力还没有发育成熟。但是这些情况会随着孩子进入高中之后，都完成了青春期身体的发育后，而逐渐好转。

我们不得不承认，由于社会发展的快节奏，我们会越来越依靠外表去评价一个人，快速地将他分类：朋友、认识的人、再也不想见的人……不仅仅是社交，外貌甚至影响着我们的地位、金钱和自我认可程度。

我们该如何让孩子来面对这个用眼睛来评价的世界

情况并没有那么糟。在相处时间久了之后，研究显示，虽然在交友初期我们会被外表吸引，但就长远看，我们更期待拥有良好社交技巧的朋友，因为这会让友谊发展得更顺利，让友谊变得容易得多。良好的社交技巧不仅可以帮助孩子初生的友谊维系下去，也会让孩子在交流中更让人感觉到亲近，更受到同辈人的欢迎。

帮助孩子建立良好的自我认知。还是回到同一性的问题，孩子需要在青春期中，逐渐地形成对自己正确的认知。逐渐弄清楚自己是谁、自己想要什么、自己对自己的期许，这对孩子的友谊更重要。良好的认知会对自己的评价更为客观、乐观。良好的认知会让孩子吸引到对的人而不是最优秀的那个人，正确的认知会让孩子找到势均力敌的朋友，而不是去委屈自己、放低自己需求，去做友谊关系中讨好的那个人。

良好的自我认知，需要家长的支持，我们对孩子的关注度和反应方式，对孩子建立起良好的自我认知非常重要。高自尊的青少年的父母一般也和蔼可亲，孩子愿意听取他们的意见，他们也为孩子树立模仿的典范。相反，总是否定孩子、批评或者指责孩子，这样的冷漠和操控模式的教养方式，对孩子的自我认知不会有任何好处。

为孩子的外表加分。在家中形成一个健康的饮食氛围和饮食引导，对孩子的体重控制会有积极的影响。如果家庭可以多一些强调健康的重要性，而不是过多地注重外表，这会提升孩子对自己满意度的评价，更客观地看待自己的外表，提升孩子的自信。与孩子一起建立健康的生活模式，譬如，每周3次的晨跑、夜跑，周末的家庭远足，这都会对青春期的孩子有着积极的作用，帮助他们认可自己、接纳自己、增加自信。

归根结底，要让孩子知道，友谊是那个在一起待着舒服的人，是对自己的信念和喜欢做的事感到满意的人。

第五节　异性之间该不该存在友谊

异性之间到底存不存在友谊

这是一个会引发激烈讨论的问题。从家庭讨论到论文辩题、眼花缭乱的文艺作品，每个观点都是那样的有说服力，很难让一方去说服另一方，所以这个问题至今无解。

我们的日常经验告诉我们，我们可以和异性共存，我们一起工作、一起成为同学、一起郊游、一起吃饭、一起打游戏，这并不罕见。但是真的当我们看见自己的宝贝女儿，跟隔壁家臭小子混在一起时，我们心里却总是悬着一根弦儿，男孩和女孩到底会不会仅仅是朋友？

关系学家认为，这不可能。自远古以来，男性对捕杀感兴趣，女性则待在洞穴里哺育后代。到了现代，男性的兴趣在外，他们更关注与雄性竞争相关的内容。女性的兴趣在内，她们更多的时间待在家里。所以他们没有交集，如何成为朋友？

但社会学者马上反驳道，现在社会男性和女性分工发生了极大的变化，男人可以在家做饭而女人可以自由搏击，他们在一起工作、在一起看电视、在一起聚会，还有什么不可能的？男女之间亲密的友谊是存在的。

心理学观点

首先什么是友谊?

朋友，是同伴的一部分，他们相互为伴，互相支持，亲密无间。朋友要比我们之前提到的小团体和小集团里孩子之间的关系更为紧密，相互卷入得也较多。对青少年来说，亲密的伙伴可能会有一个或者几个，也有一个都没有的情况，这完全取决于青少年自己的感受和认知。

她是我最好的朋友，我们从小一起长大，一直在同一所学校。我们在一起有说不完的话，我们喜欢玩的东西一样，讨厌的人也都是一样，我们经常给讨厌的人起外号，诅咒他们倒大霉。我们都喜欢玩“皇室战争”。虽然我玩得没有她好，但是我的装备比她全，所以在游戏里我们还是好朋友。除了玩游戏，我们更喜欢看书，我们会一起买不同的书，互相交换着看，互相在书上标注上最喜欢的部分。未来我们会去同一个地方读大学，做一辈子的好朋友。

这是一个 15 岁女孩对自己最好朋友的描述。在她看来，友谊可以承担以下的责任，这也是心理学界对友谊功能的描述：陪伴。亲密的朋友是需要花时间彼此陪伴的。他们在一起共同成长、共同分享。

刺激。亲密的友谊是在一起玩得很好的人，能够带来共鸣的人。

物质支持。友谊可以提供帮助和支持。

自我支持。友谊可以让自己感受到被认可、被关注，有助于青少年对自己保持一种有能力的、有吸引力的和有价值的印象。

社会比较。友谊提供了一些对比信息，如自己处于怎样的地位，自己的所作所为是否得当。

亲密/情感。青少年在与另一个个体交往之间获得了温暖、亲密、信任的关系，这种关系包括自我表露。

如果按着这样的描述来看，性别在友谊关系中，并不是影响因素，理论上异性和同性都可以成为朋友，甚至是亲密的朋友。

现实中，异性的亲密友谊是艰难的

社会的文化氛围会影响异性青少年成为朋友。

在北美，社会对青少年异性之间的交往接受度更高，这为异性成为伙伴提供了可能。虽然我们没有数据能够论证有多少北美的异性青少年成为朋友，但是下面的数据可以说明一些问题。

据统计，随着孩子年龄的增长，他们在异性身上花费的时间更多。儿童期的孩子大部分的休闲时光都是跟同性别孩子在一起度过的。到青少年前期的儿童，一周会花 1 小时的时间与异性交往，到了青少年时期，他们会用更多的时间与异性在一起。例如，15 ～ 17 岁时，男孩每周会花 5 个小时跟异性在一起，女孩每周会有 10 个小时和异性在一起。

在我国，对于青少年之间的异性交往很长一段时间都处于不鼓励、不赞同的状态。很多家长和教职人员认为异性之间的交往弊大于利。他们普遍认为青少年处于情感的动荡期，很难把握好友谊和爱情之间的分寸；青少年该以学业为重，异性交往会影响学习；异性友谊会分散青少年的精力，并不是友谊的必需品……异性青少年之间的交往会承担巨大文化压力、社会压力和家庭压力。

青少年与异性成为朋友，会受到猜忌。即便是成年人，成天和异性泡在一起，有说有笑，也难免会引起其他朋友的猜忌，对于格外敏感的青少年之间也是如此。青少年正处于性的萌芽期，他们对异性非常关注，这让他们对异性之间的亲密接触会格外好奇。

异性交往对青少年的成长到底有没有帮助呢

答案是肯定的。

心理学界认为，异性之间的交往，达成异质社交性是青春期最重要的社会目标之一。一个没有学会与异性交往、没有达成异质社交性的人，很难说他是一个成熟的人。

青春期的孩子在生理上和心理上发生剧烈的变化，他们荷尔蒙分泌异常，情绪受到激素的影响容易起伏不定；他们身体快速增长，活动力增强；他们渴望追求真正的自己，同时又对异性异常的好奇，渴望与异性交往，这是正常的现象。

有研究指出，相较于同性，异性之间更容易敞开心扉。与异性做朋友，就像他们透过镜子去看另一个自己一样，他们需要去了解与自己截然不同的另一种人的思想、观点、态度、认知世界的角度、喜好。这个完全不同的朋友，自然带来新的空气。他们会丰富彼此的生活，开阔他们对事物的认知视野，丰富他们的体验和阅历，在这样美好的年龄，这是多么难得的经历。

为什么家长不支持

我们无非是有自己的小算盘，担心孩子过早地开始恋爱关系，还没有办法承担自己恋爱可能会出现的后果，如性行为、怀孕。

异性之间交往的确有一定风险，即便是自控能力相对较强的成人，也常有异性朋友变成恋爱关系的例子。但是我们不能总去为一些可能发生但是还没有发生的未来事件而担忧，这只是家长头脑中构想的一种可能，是一种情绪上的焦虑，而并不是孩子一定会发生的事实。

首先，异性青少年在一起，并不一定就是要恋爱，他们可能在一起聊天、探讨问题、互相学习、玩……成为恋人只是多种可能中的一种。其次，即便他们恋爱了，家长也没有必要如临大敌。下面我们可以逐条分析我们的担忧。

担忧 1：耽误学习。学习的好坏和恋爱没有相关性。所谓的因为谈恋爱而影响学习的案例，大多经不起推敲。学生学习不好，应该从学习本身去寻找问题。孩子没有兴趣？缺少目的性？学习方法没有掌握？缺少好的引导？而不该把学习的问题嫁祸给恋爱，这是一种思维混淆。

担忧 2：浪费了宝贵的时间。什么叫浪费？青春期的少年，做什么都不是浪费，这都是他们自我探索的一部分，这是他们的成长过程。我们不能简单地用最后是否步入婚姻来判断他们这段恋爱的经历是否存在意义。这是以目标为导向的人生，可能是一部分人的价值观，但这不一定是合适他们的。

担忧 3：怀孕。这是女孩父母格外担忧的。可是担忧有什么用呢？最好的办法是告诉孩子该如何防范意外的发生，而不是杞人忧天的焦虑和“一刀切”——禁止和异性交友。

家长能做些什么

把握好交往的“度”。青少年异性之间可以交往，但是他们往往很难去把握或者控制交往的“度”，帮助他们设定好交往的“度”这是我们可以做的。譬如，与异性出门最晚的回家时间，如何选择异性朋友，如何保护自己，哪些可以做，哪些尽量不要去触碰。

顺其自然。我们没有必要去限制异性之间的交往，也不用敦促他们去刻意地建立异性的友谊，顺其自然地关注他们的发展即可。

第六节　被排挤的“优等生”

孩子需要与同辈人连接，然而在一个集体里，在一个班级里，在一群一起回家的孩子里，总有一个或者那么几个被孤立的孩子。他们是在活动中总是找不到搭档的那个人，在团队中最后一个被选择的那个人，很少会收到生日礼物的那个人，在午休时间没有人一起吃饭的那个。

我们的孩子为什么被孤立

孩子被孤立的可能性有很多：可能是他们太瘦了，看起来弱不禁风的样子，遭受到了其他孩子的嘲笑和排挤；也可能是他们太胖了，憨憨的、反应迟钝的他，也是被人嘲笑的对象；反应慢的孩子，会被说是笨蛋，可是反应太快，也会遭到其他同学的远离；家庭贫困的孩子、家境特别富有的孩子、特别漂亮的孩子、特别自卑的孩子、学习特别差的孩子、学习特别好的孩子、不爱说话的孩子、太高调的孩子、不同肤色的孩子……被排挤、被孤立都有可能发生。

总而言之，因为孩子的不同，让孩子成为被孤立的那个人。

学习和思考不同常人的孩子会被孤立

有研究者认为，那些学习和思考不同常人的孩子最容易成为班级里被排挤的孩子。的确很多天才儿童，他们想法跳跃、活泼好动、能量充沛，他们的思考速度与常人不同，老师的授课内容无法满足他们的求知欲，这会让他们很难在集体中找到融合的感觉。因为他们总是别出心裁，他们思考问题的方式、角度、看世界的角度、观点可能与众不同，所以他们也很难找到聊得来的同学，在同学眼里他们是奇怪的人。

从众心理让青少年更容易出现孤立和排挤现象

从众心理是指个人在受到外界人群行为的影响，而在自己的知觉、判断、认知上表现出符合于公众舆论和多数人的行为方式，也就是我们所说的随大流。

青少年在心理上尚未成熟，社会经验也不丰富，人生观还没有形成，所以他们更容易出现从众行为。大多数的孩子会倾向于爱面子、怕被孤立、胆怯、怕承担责任，而跟随集体的节奏，包括学习、活动、思考、发表看法……从众能够给予他们安全感。所以，当集体中有一个孩子出现与标准或者大多数人行为、想法不一致时，无论他是超越大多数还是落后于大多数，他都会被视为异类。这种异类就成了被冷落的对象。

而对这个不一样的孩子来说，他承受着巨大的压力。他要么坚持自己的观点，但是接受被冷落的结果，要么他也可以选择从众——成为和大多数一样的“普通孩子”。

社交能力差的孩子会被孤立

我们可以观察一群孩子围在一起聊天的场景：他们大概在10岁，有的孩子一直在眉飞色舞地引领着话题；有的孩子饶有兴趣地在旁边迎合着，不时地点着头，接过话题，继续说笑着；有的孩子一直在听，却没怎么说话，偶尔转头看一眼圈外发生着什么；有的孩子从圈的外围骑车而过，停了一下，直接走开了；还有的孩子，一个人站在圈外，迷茫、无措。

青少年时期的孩子的亲密关系建立在人与人之间的互动基础上，被孤立的孩子可能不知道如何才能与人开始互动；不清楚如何能够把话题接过来，进一步与同伴深入探讨；不会表达自己，分享感受……这些社交技能方面存在欠缺的孩子，很容易成为圈外人。

过于自信和自卑的孩子都会有被孤立的可能，因为他们要么会用带刺的话语去重伤别人来保护自己脆弱的内心，要么选择沉默和逃离，这显然对社交没有任何帮助。

被孤立不是孩子的错

小学我们班级里最优秀的女孩，不仅乖巧懂事，长得也招人喜欢，笑起来总是弯弯的眼睛。她从小就是班里的大队长、班长，也是全校最有名气的主持人、三好学生、优秀干部。她是幼年的我仰慕的对象，却被班级里大多数女孩和一部分男孩排挤。

为什么会这样？

很简单，她太优秀了，当老师把所有的光环都笼罩在她一个人身上时，就无形地将她推向了制高点，为她树立了“敌人”。

没错，这些“敌人”就是我们眼中的那些孩子。可不要小瞧这些孩子拉帮结派的能力，他们成立小组，学着成人的样子开会，有组织地采取行动：撕毁她的作业，重新胡写一气，让她被老师批评；扎漏她的自行车车胎；制造她早恋的绯闻；在回家的路上堵着她，“恐吓”她……

虽然等我们同学聚会时，说起这些往事都一笑而过，但是只有当事人自己知道，她的童年有多么艰难。

这是她的错吗？不是。她只是在做她想做的事情和她被老师安排的事情。是其他孩子的错吗？他们有错，他们视老师为敌人，他们视班干部为帮凶，他们想拒绝老师的管理。但是他们是孩子，他们的“仇恨”来自哪里？

是老师的错吗？老师想管理好班级，所以她会寻找她认为最得力的孩子成为她的助手。但是她却没有想到，她集万千宠爱于一身的做法，让这个孩子成了千夫所指，让其他孩子内心不平衡，这是她缺乏专业性和经验性而造成的局面。

家长也不能逃过责任。总拿“别人家孩子”来攻击自己家孩子的做法，本意想“激励”孩子，往往是“激怒”了孩子。孩子一旦主观上出现“不喜欢”“讨厌”“看不惯”的想法，他们就会立刻表达出这些情绪，并且毫不掩饰地付诸行动。

被孤立是一群人想要排挤一个人，这是这一群人的控制欲，希望所有人都能按着这个群体的意愿行动。在这种情况下，被孤立其实与被孤立者毫无关系。

被孤立的孩子会怎样

长期被孤立的孩子，就是没有被集体融合和接纳，集体就好像是一碗水，没有被接纳的孩子就像浮在水面的浮萍、悬浮在水中的海草、沉在水底的淤泥，要么被发现——人中佼佼者，要么被掩盖——自娱自乐，要么被沉没——迷失自我。

被孤立的孩子，并不代表他们未来会一蹶不振。我小学那位优秀的同学，现在成了优秀的女企业家；也不代表他们会带着创伤，一直被孤立，很多孩子，特别是缺少社交技能的孩子，在逐渐成熟的过程中，还有可能成为社交高手；他们也不一定不幸福，他们仍然可能接纳不完美的自己，无论是张扬的，还是脆弱的。研究认为，对那些原本就特立独行、觉得自己与众不同的人来说，遭遇社会的拒绝恰好验证了他们对自己的看法，激发了他们的创造力。

但对那些归属感要求强烈、渴望人与人之间互动关系的人来说，被孤立会有很多负面影响。被孤立的痕迹，会永远地存在于我们的记忆中。

研究发现，有过被拒绝经历的人们，他们被激活的脑区和身体疼痛时被激活的脑区是一样的。这也就意味着，被孤立的痛苦与摔断腿一样，让人刻骨铭心。

还有一些孩子，他们一直饱受被孤立的困扰

他们可能缩手缩脚。他们从小学到大学，从学校到社会，童年的阴影一直围绕着他们，让他们在面对集体时，总是充满了忐忑——我会不会成为那个不被欢迎的人。这种恐惧总是在心头萦绕，让他们做事情变得缩手缩脚——总是担心自己不被接纳。

他们可能成为讨好型人格——为了融入集体，而放弃自己。为了获得集体的认可而改变自己的行为，或者把那个真实的自己藏起来，伪装成另一个可能受欢迎的人。他们甚至会毫无原则地委屈自己，讨好别人，甚至忘记自己。

他们可能选择独来独往。与其被人挑剔，不如挑剔他人。他们会在交友上有自己的洁癖，很难进入亲密关系。他们怕被伤害，所以选择伤害他人——拒绝他人的邀请。他们或许可以自得其乐，或许用自得其乐来掩盖未被满足的自己。

家长能做些什么

理解孩子。如果我们的孩子有一天回到家里跟我们说，他在学校找不到朋友，同学不喜欢他。或者他都没有勇气跟我们讲，只是不爱上学，总是生病、闷闷不乐、不爱出门，我们一定要耐下心来，找一个时间，跟他好好聊聊，了解下他是不是遇到了什么难事了。

认真对待。被孤立不是一种简单的行为、冲动的情绪，它是确实存在的一种状态，一种可以伤害孩子的行为。我们不仅要认

真对待，也要告诉孩子，如果他遇到了这样的情况，他难过、痛苦、不知该怎么办时，一定要告诉家长，我们需要一起面对。

一次被孤立不等于一直被孤立。转机不会属于自暴自弃的人，我们要鼓励孩子，如果是社交技巧方面存在问题，那么我们可以有针对性地帮助孩子。或者有时候，退一步海阔天空，换个环境，与其他团体尝试连接，不一定不是一个好的办法。

第七节　成为“被接纳”的孩子

友好的、合作的、没有攻击性的、善良的、遵纪守法的、乖巧的、懂事的、会察言观色的……每个家庭都对自己的孩子有一个期待，每个集体也有自己的吸纳人的准则，那么，什么样的孩子会被集体接纳、被同伴接纳？“被接纳”有标准吗？我们该怎么做呢？

在探讨“被接纳”之前，我们先探讨下“接纳”。

我们总在谈“接纳”，接纳孩子的不一样，同时也让孩子接纳自己的真实的样子，但事情总是会出现点儿偏差。

孩子不喜欢收拾屋子，家里很乱。然后他对自己说：我接受这样的我，我就是这样，乱点儿没关系。

孩子在学校社交出现了问题，他被同学排挤，他对自己说：无所谓，你们不喜欢我，我还不喜欢你们呢。

孩子跟朋友吵架，互不退让，孩子对自己说：我要做我自己，我改变了，就不是我了。我要坚持我的个性！

家长谈起“接纳”也会有一些疑问：如果我们总是告诉孩子，你足够好了，那他是不是就不用进步了？他还会有竞争意识吗？他会不会就此安于现状了？

什么是自我接纳

自我接纳不是自我宽恕——乱点儿没关系；也不是自我感觉良好——我要坚持自己的个性；更不是自我放任——无所谓；以及自我放空——什么都不做，什么都不想。自我接纳，从概念上讲是接受自我和他人以及自己所处的环境。这里面包含两个层面。

1. 接纳自己和他人，不会为自己或他人的缺点所困惑或感到窘迫与不安。坦然地接受自己的现状，包括自己的需求、水平、期待，同时也宽容地对待他人的弱点和问题，从容地生活，很少使用防御机制。

2. 自发、坦率、真实。真实地对待自己的感情，并且坦诚地说出自己的感受，不掩饰自己，自然而单纯地表现自己。

譬如，孩子在学校出现社交问题，被同学排挤，首先他要接受这种现状——他被同学排挤了。然后我们需要了解到，他自己真实的情绪：因为被排挤了，很气愤，他不知道该怎么办；他真实的期待：希望被同学接纳。他表现出来的无所谓、不在乎，并不是他真实的情感，他并不是在自我接纳，而是出现了自我防御。

接纳是一个过程，我们在帮助孩子之前，还是要清楚孩子真实的需求。以上面的例子为例，我们首先需要让孩子平静下来，尝试引导孩子，看到自己的真实情绪。或者告诉孩子，他现在很气愤，气愤只是情绪，我们需要帮他找到真正的需求。其次，明确孩子的需求，比如，孩子一方面想通过逃避来开解自己的气愤情绪；另一方面，他是希望可以融入班级里的。在明确了这些内容后，我们就可以对症下药，如了解孩子平时怎么待人接物，具体地、有针对性地提高孩子的社交技能。当然，这不是一蹴而就的事情，我们需要慢慢地、有计划地执行。

接纳并不是“顺其自然”，接纳是意识到真实的需求，乐观地向前看，避免去评价自己，关注当下，换位思考。在接纳中成长起来的孩子，他们是放松的，不需要去刻意讨好他人，他们有机会成长成自己本来的样子，他们的创造力、自尊、自信被保护得很好，他们一边享受生命，一边实现梦想。

每个人对自己的自我接纳程度都不相同。能力、外貌、成就、身体、个人关系、道德……自我接纳与自尊密切相关，自尊得到满足的人会格外的自信，他们清楚自己的价值，不以物喜不以己悲——大方地接受赞美，虚心地接受批评，不会为了获得赞美而改变自己，因为受到批评而怀疑自己；他们不会高调地炫耀自己，也不过分羡慕别人。这样的孩子怎么会不招人喜欢呢?

再谈“被接纳”

之前我们谈道“受欢迎的孩子”，也是在群体中被接纳的孩子。什么样的孩子会更容易被群体接纳?

我们在第二章谈道，不同的社会结构、不同的文化背景，受欢迎孩子的特质会有细微的差别，但是有一部分是面向大众的、被普世所接纳的。这里我们选用积极心理学家构建的 24 种基本的人格美德，即每个人都以不同程度拥有这 24 种人格美德，用此来帮助孩子了解自己、发挥所长，这 24 种人格美德如下。

美德	24 种人格美德
智慧及知识	1. 创造力、灵活性和独创性：能够创造新的、有效的方法
	2. 好奇心：有寻找新事物的能力，不断地对新事物感兴趣，对不同的经验抱有开明的态度
	3. 开明的思想（判断力、批判性思考）：能换位思考，多角度思考问题，不妄加结论
	4. 喜爱学习：能够掌握到新技巧、主题和知识内容，有系统地增进知识
	5. 洞察力：能够为他人提供意见和忠告
勇气	6. 勇敢：面对调整、困难、威胁或者痛楚时，不会畏缩
	7. 坚持：即使过程中遇到困难，也会坚持，不会畏缩
	8. 正直：说实话，真实地表现自己，不虚伪，为自己的感情和行为负责任
	9. 生命力：有活力、有干劲，做事情全力以赴，不半途而废，也不会觉得没劲。把生活当成一次冒险之旅，感到充满生机和活力
仁爱	10. 爱：重视亲密关系，特别是可以分享、关怀的关系
	11. 仁慈：宽宏、关怀、无私的爱、善良，为别人做好事，带给他人恩惠，帮助他人
	12. 社交智慧：知道他人和自己的动机与感受，明白怎样去配合不同的社交场合，知道他人想要什么
正义	13. 公民感：社会责任、中心、团队精神
	14. 不偏不倚：公平公正、一视同仁，不因个人喜好做出偏差的判断
	15. 领导才能：鼓励团队的同时维持成员之间的良好关系
节制	16. 宽恕和慈悲：宽恕做错的事，给予他人机会，不报复
	17. 谦恭：不夸耀自己的成就，不追去他人的注视，不认为自己特别
	18. 审慎：小心谨慎、不过分冒险
	19. 自我控制：自律，规范自己的行为和感觉
自我超越	20. 对美丽和卓越的欣赏：感恩生命中的一切，包括自然、艺术、数学、科学等，留意美丽、优秀、精巧之处
	21. 感恩：留意身边的好事，并为此感恩，常常表达谢意
	22. 希望：乐观感，对未来抱有最好的期望，并努力达成心愿，相信美好的未来可以实现
自我超越	23. 幽默感：能够带给他人欢笑
	24. 信仰：人生有始终坚信的信念，并知晓人怎样配合大环境

这 24 种人格美德，只是一个参考，为我们提供了美德的基本

框架。实际上，我们每个家庭通过几代人、十几代人的传递，形成一个独特的、属于自己家庭的自我评价，这个评价随着基因世代传递着，在我们的子子孙孙中，带有着家庭的共性，也独具个人的色彩。宽泛了说，正如前华夏文明的基因流淌在我们每一个华夏子女的血液中一样，我们逐渐形成一个属于自己民族的民族特性、属于自己家庭的风格、自我的评价标准，这些汇总到一起，形成属于自己的准则，也可以称为价值观。

我们渴望孩子受欢迎（被接纳），但是每个集体都有不同的标准（价值观），我们的孩子都要去逐一地满足要求吗？

并非如此。我们的孩子需要明辨和批判的能力，他能够知晓哪些标准是自己认可的，哪些标准是被普世接纳的，哪些标准是他不接纳的。他首先需要明确自己内心的标准，将自己的标准与普世的美德标准对齐，或者找到中高水准的美德标准，不断地吸纳，让自己的行为和标准不断地向其靠近，久而久之，孩子这样自然会迎来真正的欢迎，这种欢迎不是为了迎合别人，而是为了满足自己，是达到自己内心的准则后的自我肯定，是一种正向的能量。

第八节　朋友以上，恋人未满

恋爱与青春期，总是一同出现在我们的头脑中，担心也随之而来。因为我们还记得那些青涩的爱的岁月中，我们兴奋又莫名的焦虑的样子，一秒钟在哀叹，下一秒钟又兴奋不已，时而陷入绝望，时而又宛若新生。那些想说又不敢说、想见又不敢见的时光，随着我们的青春一并散去。或许我们后悔了，没有用大好的时光去努力拼搏；或许我们伤感了，那段注定失败的感情，倾入了那么多的心血；或许我们遗憾了，为什么要在那么无助的年龄遇见这么复杂的人间感情。所以，当我们的孩子逐渐成长成我们当年的样子时，担心也随之而来。

然而，该来的谁也挡不住。

有很多孩子在恋爱吗

国外在研究了数千名 7 ～ 12 年级学生后，发现 14 岁以上年龄阶段孩子中，有 80% 曾经拥有或正处于浪漫状态关系——恋爱。虽然他们中一部分恋爱关系非常短暂（2 个月或者更短时间），但也存在 50% 的孩子有持续 2 个月以上或更长时间的浪漫关系。而持续超过 1 年的关系中，有 20% 为 14 岁以下的青少年，35% 为 15 ～ 16 岁的青少年，60% 为 17 ～ 18 岁的青少年。大部分父母知道、见过自己孩子的约会对象，并且父母跟其他人分享了孩子的约会情况。

青少年的恋爱特点

更少的压力和焦虑。与我们认知不同的是，没有男女朋友的青少年的压力和焦虑情况要比有男女朋友的青少年高。对于没有恋爱对象的孩子，他们会感到同伴压力和同伴失调。在互联网上（如知乎、豆瓣）我们会经常看到有匿名的青少年询问："自己没有男（女）朋友，是不是自己哪里不好？是不是自己太胖了？"

以探索恋爱为目的。与成人恋爱不同的是，在早期的恋爱关系中，青少年约会的动机并非源于性的需求，他们更多的是需要一个环境来搞清楚恋爱到底是怎么回事、探索自己的魅力，以及同伴群体对此事的看法。他们的整个青少年时期都沉浸在浪漫的情绪中，无论是否有真正的交往对象。他们进入青春期后，在激素的引导下，开始对异性异常地感兴趣，这种兴趣并不是以"结婚"为目的的。他们不会像成人恋爱前会进行慎重的思考：生理条件、心理品质、家庭情况等因素。他们的恋爱更像是一种情绪，他们在经历一种恋爱情绪体验。

更丰富的情绪体验。有男女朋友的青少年的日常情绪波动比那些没有男女朋友的青少年要多。他们可能一天之内经历高兴、焦虑、烦恼、沮丧、幸福等一连串的情绪变化。这与他们恋爱经历的缺乏和充沛的荷尔蒙有着密切的关系。但是总体报告中显示，消极的情感占比（42%）少于积极的情感。也有研究表示，这份消极的情感足以让承受能力不强、较为脆弱的青少年带来风险。一项涉及 8000 多名青少年的研究发现，恋爱中的青少年比没有恋爱的青少年出现抑郁的风险更高，特别是那些恋爱中的女孩，抑郁可能出现在失恋后。

有研究将刚刚开始恋爱的青少年与没有恋爱的青少年进行对比，结果表明，这些刚刚开始恋爱的青少年处于一种“轻躁狂”的情绪状态，在这种情绪状态下，他们的情绪非常不稳定，也许上一分钟还欣喜若狂，下一分钟就垂头丧气。与对照组相比，这组恋爱的孩子的早上、晚上的情绪更加积极，睡眠时间短，但是睡眠质量更好，白天嗜睡程度降低，注意力更集中。

恋爱与社交。我们在前面提到，儿童期同伴的交往是以同伴群体的形式出现的，这个群体里儿童定期的互动、提供归属感并且有一定的规则和要求。在青少年早期，儿童逐渐结成小帮派，小帮派又常常形成小团体。这些集合都是青少年可以表达自己、尝试做自己的环境，也为他们的恋爱提供了条件。在团体中，他们早已打破了儿童期的性别分离情况，他们所在的同性小帮派，为他们涉足异性提供了安全基地。他们所在的异性小帮派为他们提供了各式各样的非正式场合，去了解异性、接近异性。这种帮派式的接触，去除掉了一定要形成亲密关系的压力，这让他们感到格外的自如和轻松。经过一段时间的探索和了解，最终，从这些小帮派中，会形成 1 ～ 2 对情侣。在情侣形成后，这个小帮派也就解散了。

恋爱之后的青少年，他们会花更多的时间在异性相处上，跟同性和团体在一起的时间会变少，有时会有脱离团体、阻断社交的情况，这也是常见的。他们与异性在一起的时间可能并不会太长，但是会用更长的时间去想念彼此。譬如，根据调查，13 ～ 14 岁的有恋人的青少年，他们会花 4 ～ 6 个小时来思念对方，但是见面的时间大约只有 1 小时。但在 16 ～ 17 岁时，他们会用更多的时间去见面。

恋爱与任何人生的新阶段一样，对孩子来说也是全新的。他们虽然从电视上、电影里、文学作品里、父母那儿、同辈中学习了大量的内容，但是在他们进入关系时仍然是既兴奋又紧张的。他们要冒着被拒绝的风险，学会向异性表达，要懂得去了解对方的心思，要尝试了解如何去关怀、体贴、照顾一个人，要学着如何处理冲突和矛盾，如何去平衡学习和情感还有友情这 3 个方面的关系。他们与异性交往的社交能力快速地提升着，他们通过这种浪漫关系，学习了解自己和其他人，积累经验，内心快速成长。

恋人未满。心理学家埃里克森认为，暗恋和青春期恋爱对青少年自我理解与身份认同提供了重要的帮助。坠入爱河是青少年自我发展的一种形式，并不是真正的、像成人一样的亲密关系。随着青少年认知能力的发展，他们越来越有自我意识，与他们的恋人一起尝试“成长后”的身份，并通过伴侣的反应和行为得到反馈，逐渐明确自己的形象。他们的恋爱更多的是谈话，是一种不同形式的“自我”尝试，也是测试这种“自我”对其他人的影响的方式。

无论恋爱的长短，青少年时期的恋爱关系都可以提供积极的学习经历。譬如，通过对自尊和自我吸引力的影响，他们在同辈中变得更有自信。恋爱也可以帮助青少年变得更加成熟，可以帮助他们减少与父母在情感上的依赖关系，帮助他们早日独立。在某种意义上来说，这个时期的恋爱是未来的成人真正的亲密关系的训练场，为学习如何做到情绪管理、解决谈判冲突、满足交流需求等提供了机会。

不利的一面。青少年尚处于发育期，他们对自己各方面的控制能力都不强。伴随着他们起伏的情绪，可能会出现一系列的问题，譬如，虐待或者暴力互动、性胁迫；单相思、分手导致的情绪失调，继发抑郁、自我伤害；过早的性生活，甚至早孕等。

家长能做些什么

该来的总会来，与其我们一味地阻止或者干涉孩子的情感生活，不如尽早地将恋爱的收获和可能出现的危险告知孩子，让他们自行评估风险。在青少年时期，父母与孩子若是能够建立相互尊重、平等的关系，会更容易和他们沟通，获取他们的信任。及时的性教育也很重要，虽然对父母来说，我们需要寻找一些机会“开口”。实际情况是，如果我们把性教育安排在孩子第一次约会前的话，那么恐怕已经有些晚了。提醒孩子，在恋爱的同时，别忘了自己的那些老朋友，鼓励他们坚持锻炼身体和继续自己的爱好，这些都有助于在他们感情出现问题时，给予他们更好的支持，降低分开时陷入极度沮丧和困扰的风险。

总之，青春期的恋爱关系对孩子来说，是一段独特的、有助于成长的健康经历，可以教会孩子很多知识，也存在很多诱惑和陷阱。在孩子的这段特殊时期，家要成为孩子安全的庇护所，为这些躁动的孩子提供安全的保护，而不是在家门外设立高墙，虽然阻断了孩子的恋爱，也在孩子心里建了一面墙。

第九节　亦正亦邪：社交媒体与孩子面面观

无论我们愿意或者不愿意，社交媒体都已经不可逆转地改变了我们生活的方方面面。

我们也许永远无法理解，一个出生就在面对着父母不停地手机拍照、用视频跟爷爷奶奶通话的孩子，社交媒体对于他们意味着什么。

人类自古以来是群居的，我们需要社交和陪伴，对于孩子也是一样。社交媒体的存在，在满足了我们社交需求的基础上，还突破了社交的底线——无须见面，隔空相连。它依靠互联网，我们无须出门、无须飞跃重洋、足不出户，就可以跟世界上任何一个有互联网的地方的朋友、陌生人保持联系。

从早期单一的聊天产品 QQ 的出现，到现在微信、微博、抖音……人们对于社交媒体的热情有增无减，青少年也乐在其中。很多研究认为，社交媒体网络会对孩子产生不可逆转的影响，但也有研究认为社交媒体会让孩子在增加大脑互动以适应新技术的同时，增加他们的社交互动。

社交媒体的不良影响

社交媒体的影响最严重的是社交媒体成瘾症。以微信为例，孩子总是迫切地想知道朋友在做什么，他们发生了什么，有没有新的消息……这样的想法会让他们上瘾。研究发现，在社交媒体中，通过“点赞”获得赞赏的情况会在大脑扫描中被激活，从而激活了大脑的奖励中心，这对青少年特别敏感。这也可以解释为什么青少年如此迷恋社交媒体。

强迫检查。对儿童和青少年来说，知道有多少人喜欢他们发布的内容，有多少人关注他们或者不关注他们，并且知道其他人对自己的评价，这些都会导致他们不断地刷新手机——强迫检查。有的孩子承认，他们一天之内会不断地检查自己的“朋友圈”超过 100 次，甚至上学时也会如此。显然，这会分散孩子的精力，让他们很难专注于功课或者阅读甚至体育活动。

更高的心理健康隐患。还有一些研究成果发现，学校里每天在社交网站上花费 3 个小时以上的孩子，遭受不良心理健康疾病的可能性是其他孩子的 2 倍。他们沉浸在虚拟的世界中，这会让他们的情感和社会发展受到延迟。根据该研究，社交媒体可能是社会比较、网络欺凌和孤立问题的来源，这会导致青少年产生心理健康问题。

研究显示，哪怕每天只使用社交媒体 1 小时，也会对青少年产生不好的影响。这是社交媒体会带来更多的社交比较和网络欺凌，减少了面对面的活动导致的。

影响主观幸福感。密歇根大学的研究显示，在青少年中，使用 Facebook（“脸书”类似于微博的社交软件）会导致主观幸福感下降。年轻人使用 Facebook 的时间越多，他们对当下的感觉就越差，对整体的生活满意度也就越低。

错失恐惧症。错失恐惧症也称为社群恐慌症，青少年总觉得自己错过了什么有意义的事情，例如，朋友的笑话、聚会、活动或者其他娱乐活动，会导致青少年感到沮丧甚至焦虑。

引发抑郁。研究发现，包括玩视频游戏在内的各种玩电脑时间中，社交媒体与青少年的抑郁症状、抑郁症更相关。因为青少年很容易在诸如朋友圈、微博这样的平台中，将他们实际生活与理想生活相比较，这会让他们觉得自己不好，对自己自信度和满意度降低。特别是对女孩，会增加她们与其他人更多的比较。这些比较是不现实的，因为这些社交软件都采用了滤镜、化妆、照明、角度等方法处理，但这并不是真实的生活。

影响睡眠。夜间使用社交媒体，会影响孩子的睡眠。因为在使用社交媒体时，孩子的情感投入很大，会让他们的情绪处于波动中，很难入睡，导致他们的自尊心较低、焦虑水平较高。此外，智能手机和平板电脑发出的光亮会被认为会扰乱睡眠周期，而睡眠对于成长中的孩子的大脑和身体格外重要。

虚假信息。在网络上有很多“网红”对青少年是极有力量的“影响者”，他们的存在更多的是为了推广产品、促进消费、发布活动，孩子很难有能力去区分他们给出的信息到底是广告还是真实的信息。

个人信息被散布。对孩子来说，他们极度渴望被关注，社交媒体刚好可以满足他们的需求。他们可能会做出一些出格展示。譬如，通过上传一些挑战级、暴露的图片和视频来获得关注，但是却可能给他们带来更严重的影响。发布在互联网上的资讯一旦发布，就传播了出去，没有彻底回收的可能，它会疯狂地在网络上传递。当青少年意识到问题的严重性时，会给他们带来焦虑，甚至是抑郁。

与自杀的关联。还有研究表示，有伤害自己或者自杀企图的年轻人，特别容易受到社交媒体负面信息的影响。研究指出，有自残或者自杀念头的孩子和青年人实际上在互联网上花费的时间更多，并且比没有此类想法的同龄人更经常遭受网络的欺凌。

自拍并上传照片是孩子尤为热衷的一项活动。有学者指出，自拍让人们沉迷于外表，会触发心理健康状况。有报道称，沉迷于自拍上瘾的孩子，会因为无法拍摄出完美的照片而试图自杀。过于关注自拍的年轻人，一般是缺乏自信和自我意识的，他们利用自拍来吸引人们的注意。

影响注意力。研究表明，青少年反复查看社交媒体和视频的次数越多，越会影响他们的注意力，导致注意力持续时间缩短或者注意力分散，甚至他们很有可能出现注意力不足过动症或注意力缺陷多动障碍的症状。

社交媒体好的一面

凡事都有两面性，同样有很多研究者支持社交媒体，他们也在致力于研究社交媒体对于孩子成长的益处。

数字时代在不可阻止地到来，孩子需要花费时间来学习未来世界的基本社交和技术技能，这对他们来说是必需品和必备品。孩子需要学会适应永久性和公共性的社交，并且学会管理自己的社交媒体，建立自己的数字人脉网络。

社交媒体为孩子之间进行同辈学习和同辈交流提供了良好的平台。社交媒体的性质让他们更有动力和意愿与同龄人在一起交流和互动。社交媒体的便利性、趣味性、间接性（可以不让人知道对方是谁）、直观性恰好满足处于青少年时期的孩子的心理需求。同时，社交媒体满足他们的求知欲，这让知识的来源变得更为丰富和多元，让老师不再是他们唯一的依靠。

社交媒体打开了地域的界限。在没有社交媒体之前，没有人可以想象在世界两端、素未谋面的人们可以结识，社交媒体提供了这种可能。社交媒体让孩子可以与世界各地的人交朋友，这让他们比以往任何一个时代都拥有更多的社交资源。同时，社交媒体让他们更容易与远在异地的亲朋好友联系。这让他们更容易和难以见面的亲人、朋友保持联系。

社交媒体帮助孩子维系友谊。对于社交媒体上"点赞"和"打招呼"的功能，也有研究认为，这让孩子更注重维系关系。社交媒体也为他们提供了维系关系的平台，让他们即便不见面也可以通过发布的新鲜事、视频和状态以保持联系。

还有一些心理学家鼓励患有焦虑症和抑郁症的孩子使用社交媒体。拉里·罗森教授指出，社交媒体虽然只是提供一种虚拟的表达，如"点赞"、发表情等，但是这也是在培养孩子的同理心、共情能力。这让孩子透过屏幕可以与屏幕另一侧的同伴一同欢喜、一同忧愁，这种虚拟的同理心对于他们是积极的，并且可以扩展到现实生活中，帮助他们学习和提高现实生活中的共情能力。

对创造力有良性的影响。一些社交软件可以帮助孩子发挥创造力，可以让他们将日常接触的流行歌曲、舞蹈、生活内容结合在一起，还需要学习拍摄视频和视频编辑软件，这对他们是一个很好的学习过程。

家长能做些什么

社交媒体对于社交的改变已成定局，我们再也没有办法去回避互联网和社交媒体的影响。

告诉孩子社交媒体里的“坑”。虽然孩子可能一时理解不了那么多，但是这会让他们有意识地去观察和逐渐理解社交网络中存在的风险。这里包括过度共享、隐私、商业利诱、虚假消息……但是我们需要注意自己的沟通方式，不要让孩子感觉我们的出发点是为了阻止他们使用社交网络，这会让他们关上交流的大门。从个人经历的角度分享，会让孩子更容易接受。

鼓励孩子在现实生活中的见面。交流中最重要的一点是眼神的交流，这也是社交媒体中最难以实现的部分（即便可以视频沟通，但是网络的延迟和画面的失真让视频与真实会面仍然存在差距）。除了眼神，面对面的交流可以帮助孩子感受和理解非语言方面的内容，这也是交流中的重要组成部分。虽然现在的“00后”（2000年以后出生的小孩）非常喜欢用社交媒体来解决自己的工作、学习或者个人的问题，他们不认为社交媒体的沟通会让沟通流失部分内容，他们认为画面、文字加上表情可以充分地表达自己想要表达的内容，然而，也必须承认，由于文本缺乏情感，他们不得不花时间去处理由于误解而带来的烦恼。所以，这也是面对面交流不可替代的关键性的一点。真正的、面对面的交流，是融入了眼神、气息、能量、谈话内容和肢体语言的复杂性系统，真正的、面对面的交流更能传递情感、能量。迄今为止，在线交流无法构成这样的一个复杂系统，来传递这些除了文字和画面以外的内容。

培养孩子丰富的兴趣。根据行为心理学的逻辑，每一次的阻止都是再一次的强化，当我们阻止孩子上网时，也在无意中给他们上网的行为进行一次强化。激发孩子其他事情的兴趣，如运动、读书、写作、旅游等。为他们组织这样的家庭户外活动，而不是周末全家人窝在家里各用各的电脑，这会比不断地告诉孩子不要上网有效得多。

帮助孩子更好地理解社交媒体展示的内容。如果孩子开始有意无意地透露出对朋友生活的羡慕，或者羡慕网络上一些虚拟的照片、视频传递出来的价值观、生活态度，那么我们有责任去提醒他们互联网虚假的一面。每个人都渴望展示自己最好的一面、最有意思的一天、最奇特的经历、最完美的作品，推己及人，“朋友圈”里的内容也是如此。我们只是看到他们那一瞬间的美好，这并不是他们每天 24 小时的生活。如果可能的话，可以鼓励孩子关闭“朋友圈”提醒，这并不会错过些什么。

加入孩子的“朋友圈”。如果可能的话，加入孩子的社交媒体，但是我们也该清楚并且接受，孩子有权利也有能力去屏蔽他的一部分个人生活，不让我们看到。我们更多情况只是观看并且保持沉默，并不是制止或者随意地发表自己的意见、评论，这会引起孩子的戒备心理，很有可能随时将我们屏蔽。

帮助孩子更好地理解社交媒体与现实的关系。互联网上的受欢迎程度与现实生活的受欢迎程度没有太大的相关性，这一点需要我们传递给孩子。所以，应该让孩子知道，无论他们发布的“朋友圈”是否有 100 个人“点赞”，这并不影响他们什么，也不代表他们是否是受欢迎的。这样他们就不会对网上发生的事情那么关注和不安。

总之，互联网是一个虚拟的新世界，在这个新世界里，无论孩子还是家长，都需要一双慧眼去甄别，去伪存真，修炼一身武艺，在这个虚拟的世界打拼出一片天地。

第四章

性格与社交

第一节　性格是把双刃剑

我们一直渴望通过性格来了解自己，预知他人。譬如，当我们在公交车上看到一个女孩嘻嘻哈哈地在打电话，声音很大，语速很快时，我们会默认这个女孩是外向的性格，一些外向人的特质，马上就会跟眼前的女孩联系起来。当我们跟同事接触时，对每个同事的性格也会有评判。

我们倾向于将认识的人进行个性分类，通过他们的语言、行为甚至写邮件的文字来分类，然而性格的内涵远比内向、外向来得多。

性格是什么

心理学界将性格定义为：一组持久而独特的个人心理倾向与特征，此心理倾向与特征在和外在环境互动之后，可以影响个人的行为、情绪与认知反应，是人格的一部分。人格由气质和性格构成，与气质天生而来不同，性格受很多因素的影响，譬如，遗传因素、家庭因素、学校教育、社会环境、自我教育。所谓“人心不同，各有其面”，说的就是人格的独特性。

当然，虽然人与人之间各不相同，但是并不意味着人与人之间没有共性。在人格形成过程中，既有生物因素的制约，也有社会因素的影响，在早期的心理学研究中，人们倾向于后天对性格的影响研究，而随着基因学、生物学的发展，研究者把目光又放在了基因对于性格的影响上。

性格的分类

我们习惯将人分为性格外向型和内向型，但实际上对人性格的划分要比这两类丰富得多。

许多研究者认同性格 5 个超级因素（也称人格的 5 大因素）的分类方法，即开放性、尽责性、外倾性、宜人性和情绪稳定性。每一个特质又包含了几个基本特质与特征，具体内容如下图所示。

开放性	尽责性	外倾性	宜人性	情绪稳定性
·有想象力的或是现实的 ·对变化感兴趣或是对常规感兴趣 ·独立或是依从	·有组织的或是无组织的 ·细心的或是粗心的 ·有纪律的或是随心所欲的	·喜欢社交的或是害羞的 ·开朗有趣的或是沉闷的 ·感情丰富的或是拘谨矜持的	·心软的或是无情的 ·信任的或是怀疑的 ·助人的或是不合作的	·冷静的或是紧张不安的 ·安全的或是不安全的 ·满意的或是自怜的

图中显示了每个特质从一个极端到另一个极端的特征，在测试过程中，根据得分，来判断每个特质中匹配的属性。譬如，在外倾性中，得分高的外向者热爱交际、精力十足、乐观、友好自信，得分低的内向者这些表现则不突出，但是这并不代表他们是自我中心和缺乏精力的，他们是偏向含蓄、自主与文静的。

在宜人性中，得分高的人乐于助人、富有同情心、可靠，得分低的人为人多疑、抱有敌意。前者注重合作而不是竞争，后者喜欢为了自己的信念和利益斗争。

在此基础上，心理学家艾森克又提出了人格的 3 个基本维度，即外倾性、神经质和精神质。外倾性表现为内倾、外倾的差异；神经质表现为情绪稳定性的差异；精神质则表现为孤独、冷酷、敌视、怪异等偏于负面的人格特征。艾森克依据这一模型编制了艾森克人格问卷，被人们所熟知，并广泛使用在性格、人格测试中。

而我们平时谈到的内外向性格，就是艾森克提到的内外倾性。问卷得分高表示人格外向，可能是好交际、渴望刺激和冒险，情感易于冲动；得分低表示人格内向，可能是好静，富于内省，除了亲密的朋友，对一般人缄默冷淡，不喜欢刺激，喜欢有秩序的生活方式，情绪比较稳定。

青少年的性格特点

虽然这些研究最开始是针对成人进行研究的，但随着对青少年心理的关注，性格学说也开始应用于青少年的行为指南。青少年性格或者说人格的研究难点在于，青少年尚处于变动期，他们从少年到成年还会经历许多身心的变化。研究认为，了解他们的变化可以使家长或者陪伴者更容易注意到危险信号，并且帮助他们在心理上健康成长。

青少年的性格会发生哪些变化呢？研究显示，虽然同辈影响对青少年来说很重要，但是朋友性格的改变并不一定会影响青少年性格的改变。青少年倾向于与他们相似的人交往。所以，当朋友的性格发生变化时，他们可能会终止友谊。

随着年龄的增长，孩子性格中的宜人性是增加的。大体上来说，男孩的尽责性始终要低于女孩。这意味着男孩可能不太愿意墨守成规，不太愿意遵守规则，但是随着年龄的增长，他们整体的尽责性要有所提高。

青少年的性格整体上不如成年时期稳定，但也有研究者认为，青少年的性格具有一定稳定性，如攻击性、控制力、依赖性、社交性和羞涩倾向，这些从青少年到成年时期都相对稳定。

对性格的评价

我们习惯于评价别人，特别是针对别人的性格，这是很容易发生的事情。我们都认为自己是专家，我们用性格开朗、有趣、充满活力、乐观、自信、过于认真等来评价刚刚结识的人，我们渴望用性格来区分朋友和敌人。我们甚至可以熟练应用一些性格的测评题，来将我们周围的人加以区分。

而事实上，更多心理学家主张，一个人的性格需要我们花费更多的时间才能够了解得更全面，特别是有一些特质，它需要在一定的环境下才能够表现出来，如诚实、善良和美德。而对青少年来说，他们的性格更善于依据情景和环境而变。譬如，青少年在图书馆里会比在聚会上表现得更安静。

性格有好坏之分吗

虽然我们可以通过量表、问卷来了解自己的性格特征，但是各类量表并不是标准，它只是在通过一个模型去描述事实存在的事物，不是评价性的，更不带有道德判断，也不存在优劣之分。

如果我们认为外向的人更具有社交优势，事实也的确如此，他们活泼开朗，喜欢交朋友，更容易适应社会；但这并不代表内向的人性格不好，会在社交能力上触礁，这点我们会在后续的章节里详细说明。

研究发现，除了宜人性外，个体性格特征要与工作岗位所需要的人格特征一致，譬如，工作需要这种特质，刚好你具备这样的特质，才能有更高的收入。如果人们的宜人性、尽责性、开放性超过了工作需要的水平，他们并没有比与工作需要的水平一致的人群收入多。

关于性格的塑造

性格可以塑造吗？理论上是可行的。

正如我们前面提到的，人的气质是一个人的行为风格和典型反应方式，它是人格的基础，并且很难改变。然而性格却不是，它需要我们花费更多的时间去观察，它是可以被重新塑造的。

性格是由信念所塑造。如果一个人能够付出足够的努力和动力，如果一个人的世界观、价值观发生变化，如果一个人的生活环境发生改变，那么性格就可能随之而变。如果我们观察人类的进化史，就会发现，我们始终为了生存，一直在调整我们的性格，现在仍然如此。特别是当环境发生巨大改变时，人的信念就会从舒适转变到生存，我们首先要活下去。对于青少年更是如此。他们正处于人生道路的岔路口，他们正在对自己的一切开展全新的探索和尝试，所以，他们性格的塑造性也格外得强。尽管天生的性格特质很重要，但是我们可以通过自身和文化要求来不断塑造它。

按需转变。当我们意识到自己有需求时，我们的性格可以适当地做出应激反应，心理学家斯托夫·彼得森现身说法，因为他了解自己内向的性格会对他的学术生涯不利，所以，他学会了在有需要的情况下，把自己变得外向，其他时候，他还是那个内向的人。所以，我们不要对自己和孩子妄加论断，特别是给正处于发展中的孩子贴上“内向”的标签，这反而给了孩子一个逃避社交场合的理由。

第二节　外向的孩子也有社交焦虑症

孩子害羞、不爱说话，怕见陌生人，见到陌生人紧张，不喜欢聚会，家长都很担心，孩子这样的行为是不是社交恐惧呢？他们这样的状态会不会影响、限制他们未来的发展呢？

当我们提起社交恐惧症或者社交焦虑症、社交回避症，首先出现的印象是，一个低着头不爱说话的小男孩，见到人总是怯生生的、内向的、安静的。这是我们对一个社交焦虑的孩子的刻板印象，事实并非如此。

社交焦虑症与性格无关

社交焦虑症又称社交恐惧症，是一种对任何社交或者公开场合感到强烈恐惧或者焦虑的精神疾病，最早在 1985 年被提出，近些年逐渐被重视。患者在陌生人面前，或者可能会被他人仔细观察的社交场合，带有一种显著且持久的恐惧，有的患者甚至打电话、购物都很困难，严重影响了自己的生活。

所以，从社交焦虑症的描述中我们可以看出，社交焦虑症是一种对社交恐惧的感受，这与性格没有必然的联系。

在我们的印象中，性格内向的人在社交中的表现总是害羞的、沉闷的，或者拘谨矜持的，他们可能是群体中最安静的那个，但这并不代表他们在面对群体和他人的关注时，会有不合理的但却无法控制的焦虑和紧张。

而外向的人，他们感情丰富又开朗有趣，他们在接受邀请时，总是会表达欣然前往的兴趣，但这并不代表他们的内心不会充满一波又一波起伏的紧张情绪，他们真的如表面看起来那样洒脱和兴奋吗？他们没有受到社交恐惧症的干扰吗？并不是。

每个人都可能有社交焦虑情绪

反观我们自身，我们有时也会出现类似的现象。

几次拿起电话，但还是不愿意拨出去。在心里挣扎一整天，还是没有把这个电话拨出去。

本来说好的聚会，从临近日子时就开始纠结要不要去，最后还是没去。

明明什么事情都没有，但是家里来人时，还是找个机会溜出去了。

远远地看见认识的人，趁没被发现，低头溜走。

这些情况我们每个人可能多少都会遇到一些，甚至网上经常会看到：一分钟测试你是不是有社交恐惧症；有网友在一起互相倾诉、吐槽自己的社交恐惧有多么的糟糕……但实际上，我们大多数人所出现的不想接电话、不愿意聚会、看见熟人低头走，只是在繁忙生活中、疲劳之后的一点社交恐惧情绪而已，并没有达到心理医生或者精神科医生诊断的社交恐惧症的程度。

青少年的社交恐惧症

青少年的社交恐惧症与成人类似，他们面对体育活动、聚会、社会活动时，会出现持续的、不必要的恐惧。

他们非常担心自己会做一些让他人尴尬的事，会受到他人的指责，认为他们不够好或者不够优秀。这些孩子不断有一种被人关注的感觉，总感觉自己被放置在舞台上，总感觉自己在遭受他人的评判，这会让孩子出现困惑、回避。有的孩子只是害怕在公共场合演讲、表演，还有一些孩子的社交回避体现在避免各式各样的公众场合，他们甚至会出现真正身体上的疾病反应，如怕冷、发烧、拉肚子。这些都与内向孩子表现出来的安静、害羞、更多地关注自身的内在感受不同。

青少年的社交恐惧症一般在青春期初期开始，但是可能从小学阶段就会有一些蛛丝马迹。特别是当他们在社交受阻的情况下，譬如，经历社交压力或者社交尴尬后，他们的社交回避现象会发展得更加迅速。据研究者统计，在美国 15 ～ 24 岁的青少年中，至少有 4% 患有社交恐惧症，其中女孩多于男孩。在这些患有社交恐惧症的青少年中，有 75% 在 8 ～ 15 岁时就已经出现了社交恐惧症状或者社交恐惧情绪。

是什么导致了孩子的社交恐惧症

研究认为，社交焦虑症实际上是一种因恐惧而导致的结果，有社交焦虑情绪的人，他们总是会害怕自己不被同辈人群所接受，他们总是会害怕他人对他印象不好。从生物学角度而言，这是一种非常根本的希望得到他人喜欢的需求。正是基于此，人们才会出现社交焦虑情绪。缺乏安全感，这是人类的天性。

社交恐惧症与遗传有关。一些研究认为社交恐惧症与遗传有关，有证据显示社交恐惧症会在家庭中蔓延，如果家庭中有一位患有社交恐惧症的亲属，那么孩子患有社交恐惧症的可能性会高达 2 ～ 6 倍。社交恐惧症甚至存在遗传性，虽然我们尚未发现与社交恐惧症相关的特定基因组成，尚无法确定它的遗传概率，但总体来说估计在 30% ～ 40%。

成长环境也是重要的可能导致社交恐惧症的一个因素。心理学家发现，社交恐惧症是可以习得的。事实证明，早期的创伤性事件是习得社交恐惧症的最直接的因素。被欺凌、取笑、受到打击，这些虽然不一定是必要的触发因素，但很可能为未来社交恐惧症的出现埋下了种子。即便是自身没有经历这种创伤性事件，作为观众，一样可能会受到影响。父母的焦虑也会传递，如果生活在一个母亲总是担忧他人对她的看法的家庭中，孩子患有社交恐惧症的可能性很大。

如果小时候没有足够的社交场合来帮助孩子学习社交技巧和提高社交能力，他们未来患上社交恐惧症的可能性更大。父母对孩子的过度控制、过度拒绝和过度保护，未形成的亲密型依恋关系，都会让孩子的内心成长面临极大的风险，他们在过大的压力下没有办法平静和安抚自己，只能选择逃避。

抑制型气质的孩子，更容易患上社交恐惧症。对新的事物排斥、恐慌、消极，适应新环境较慢，情绪不稳定，容易哭闹、紧张，遇到陌生人总是沮丧、哭泣、退缩。存在这些情况的孩子，我们认为他们属于抑制型气质，这大多是天生的。当然，并不代表抑制型气质的孩子一定会患有社交恐惧症，虽然人的气质很难改变，但是早期的干预、父母的教养方式都可以对这样的孩子有所帮助。这样的孩子约占总人群的 10%。

家长能做些什么

尽早发现孩子的状况。如果我们发现孩子经常说一些沮丧的话，譬如：

他们都不喜欢我！

我实在太蠢了！

有人说我有些焦虑。

或者我们发现这样一些状况：

幼儿：他们看到新的东西总是很害怕、烦躁、爱哭、抱怨，特别粘人或者拒绝说话。

上学的孩子：害怕在班级同学面前大声地朗读，害怕跟其他小朋友说话，害怕在班级前面说话、害怕体育或者文艺活动，害怕去点餐，害怕朋友来家里或者去朋友家里参加聚会，害怕他人的目光或者评价，拒绝去上学或者总是有身体状况导致不能上学。

青少年：他总是很安静，总是一个人，总是很被动，过度地关注负面评价，总是担心，总有一些紧张的表情。在学校时，害怕回答问题，避免和同学接触，害怕迟到，一个人吃饭，拒绝上学。在团队中表现拘谨，避免目光接触，说话声音很小，总是自言自语，总是处在班级的边缘人物，等等。

我们需要对出现这些状况的孩子加以关注，必要时进行干预。

如果我们的孩子已经患有社交恐惧症，或者说他们经常出现社交焦虑情绪，除了带他们寻求正规的帮助（例如，采用认知行为疗法、遵医嘱用药）外，我们还能做些什么呢？

积跬步至千里。对于年龄小一点儿的孩子，我们可以逐渐帮助他们掌握社交的方法，譬如，从餐厅点餐开始，给孩子自己点餐的机会，虽然孩子可能会用很多时间下决心，才能说出在心里反复出现的那个词。还有可能经过几次的尝试，孩子还是很难自己说出需求，那么我们可以尝试从判断题开始，譬如，你想吃汉堡吗？让他简单地回答是还是不是。这是他们战胜恐惧的一个美好的开始。

对于年龄大一点儿的孩子，比起说教和指责，更好的办法是分享我们的社交经历，帮助他们积累社交经验，让他们对自己有信心。我们可以做一些超出他们舒适区的尝试，但是这需要非常谨慎，最好是在医生的指导下，由父母一同参与。

帮助孩子设定一个可行的社交目标。譬如，交一个新朋友，我们可以一起帮助孩子从朋友的选择开始。我们可以从住在家附近又是同学的孩子中，找到一个。因为地理位置上离得近的因素，会让他们有更多的话题和交集，给他们创造见面的机会。譬如，在孩子生日时发出邀请，让孩子感觉到自己被同学欢迎、认可或者受到同学的关注，这会帮助孩子提高自信。

多做运动，哪怕是自己在跑步。有社交恐惧症的孩子需要放松，但这并不容易。他们被一些无名的担忧搞得神经紧张，不仅仅是精神上，甚至会涉及身体上（肌肉僵硬、头痛、恶心等）。我们需要鼓励他们去尝试一些活动，这些活动是不需要他们去面对他人的，是他们可以自己完成的，这会让他们在与自我相处中，逐渐放松下来。譬如，绘画、跑步、演奏乐器、瑜伽、做手工、写日记等。

不要给孩子特殊化。虽然他们需要我们的关注，但并不代表我们需要给孩子特殊的权利。我们还要像对待其他孩子一样对待他们，像给其他孩子期待那样期待他们。

不要给孩子贴标签。如果家长总是跟孩子说：你能不能开朗点儿？你太害羞了。你是不是得了社交焦虑症了？你能不能像别的孩子那样活跃点儿？这些标签化的语言只会让孩子继续沉默下去，因为他们不知道自己该怎么办，也缺乏改变的勇气，甚至会产生逆反心理。

调整期待。社交焦虑症通常和追求完美同时发生。无论是孩子对自身过高的期待，还是家长心中的期许，都会带给孩子压力。特别是一些个人能力很强的家长，他（她）的完美主义的标准、过分的挑剔和苛责，会直接传递给孩子一个信息：你不行，你差远了，你只能成功不能失败。这让孩子一直处于自卑和焦虑中，家长的要求成了孩子的束缚带。最好的办法就是，放下身段，跟孩子一起分享一下当年的自己，谁没有过错误？谁没有失败过？一次失败的经历的分享在拉近跟孩子的距离的同时，也为孩子的内心注入了力量。

改变负面思想。有社交恐惧症的孩子，多数是把自己陷入负面思想中而不能自拔。譬如，我回答错了怎么办？同学会怎么看我？老师会怎么看我？他们会不会告诉他人？大家都会开始嘲笑我了。我的朋友会不会嫌弃我？那我再也找不到朋友了……其实这些想法都是他的假想，但是孩子由于内心缺少正向的力量，而落入死循环里出不来。我们需要给孩子注入积极的力量，让他内心能够朝着积极的方向思考问题，能够有及时叫停消极想法的能力。这种正向能量的注入，与父母的教养方式、孩子的自信心建立、社交技巧的掌握都相关，家长可以从积极心理学的相关书籍中找到更详细的指导方案。

第三节　内向的孩子也有社交法宝

在更多人的印象里，内向与不爱社交总是画等号的。

内向的人：不爱聚会，不喜欢社交、害羞，说话脸红，结巴，总喜欢窝在家里，有事都藏在心里，最爱的活动是宅着，喜欢安静，喜欢独处，保守，胆怯……这些特点都把内向的人带到了人群的外边缘，让他们成了不合群的那个人。

作为家长，当我们看到孩子见到陌生人总是怯生生地藏起来，不爱说话甚至不说话，拒绝或者不跟人打招呼……我们都会暗暗地在心里蹦出一句：完了，这孩子是个内向的孩子，以后可别吃亏啊！

我们再看另一组描述：

具有更强的专注力和观察能力。

拥有丰富的内心生活，乐于独处。

热爱学习，深入思考，擅长创造性新思维和艺术创作。

情商高，态度谦逊，善于倾听。

有韧性，易养成良好的健康习惯。

这是美国著名内向性格研究专家兰妮博士对内向的人的描述，我们也可以用下面的方法简单地解释给大家。

具有更强的专注力和观察能力——因为话少，所以专注。

拥有丰富的内心生活，乐于独处——因为内向，所以喜欢独处。

热爱学习，深入思考，擅长创造性新思维和艺术创作——因为独处，所以有时间思考。

情商高，态度谦逊，善于倾听——不缺朋友。

有韧性，易养成良好的健康习惯——因为聚会少，干扰少，所以容易坚持。

是不是感觉内向的人也很可爱了呢?

内向的人并不都长一个样

内向的人并不一样，心理学教授乔纳森·奇克曾提出内向的人的 4 种分类。

社交内向。他们更喜欢在家单独活动。当他们社交时，他们会更喜欢小的团体组合。他们之所以拒绝聚会，可能是因为内向的人需要通过独处来获取内心的能量。对他们来说，与其参加聚会，不如在家喝一杯咖啡、读一本书来得自在和逍遥。他们的内向与焦虑、害羞都不贴边，对他们来说，聚会永远是一种耗能，而不是充电。

焦虑内向。他们总是处于一种社交焦虑中——即便是自己一个人在家。他们类似于社交焦虑症，总是担心他人的关注，又总是在意他人的看法，总是感觉自己做得不够好。他们关注社交，但是缺少社交技巧，缺乏社交信心。

思维内向。他们总是在沉思和内省，他们这种类型的人不会表现出对社交事件的反感，相反他们可能跟人谈笑风生、人缘极好，但比起与人高谈阔论，他们更喜欢花费更多的时间在内省和自我反思上。他们愿意花费时间，思考有深度的问题或者沉醉于自己的幻想世界中。

抗拒内向。他们总是缺乏主动性，行动太少，想得太多。他们喜欢有条不紊，拒绝临时的约会。如果在下课前约他们吃饭，那么 99% 的可能他们都会拒绝。突如其来的安排让他们感觉很不舒服，他们更喜欢按部就班地活在自己安排好的生活中。

内向的人的友谊

交朋友并不容易。对一个内向的人来说，交朋友的确不是一件容易的事情，即便是一个内向的孩子，他们也不会像外向性格的孩子那样轻而易举地开始一段友谊。交友的难不是难在他们不会社交，而是对内向的人来说，“友谊 = 时间”，他们需要花费更多的时间和精力来安顿好这份感情，这是一种精力上的消耗，这可能会影响他们有规律的生活，减少他们思考和独处的时间，这对他们来说是一个慎重的决定。

朋友不会太多。对内向的人或者内向的孩子来说，他们看起来可能没什么朋友，或者很少出去聚会。但这并不代表他们没朋友，缺少朋友圈。他们一样有自己的闺密和死党，只不过他们不像外向型的人需要那么多朋友，会在聚会上花费那么多的时间和精力。因为对他们来说，一周 7 天，其中 3 天有朋友的陪伴就已经足够了，剩下的大多数的日子，他们更想安静地待在家里，或者自己出去走走，给自己充充电。

人群中的聆听者。内向的人不喜欢成为被关注的焦点或者话题讨论中的中心。当他们参加朋友聚会时（虽然这种情况并不多见），他们表现得很安静而且沉默是很正常的。他们会坐在一旁，成为最好的聆听者，更不会去互相吹捧或者显示下自己的成就。对孩子来说，被当成哑巴也不足为奇，因为他们更想隐藏自己的能力。特别是当他们感觉疲倦时，或者活动过多、参加活动人数过多时，他们保持安静的状态会更加明显。

不同的社交风格。如果我们把谈笑风生作为社交技巧一流的标准，那么内向的人可能很难达标，但是他们是最好的倾听者。他们很细心，很少打扰正在说话的人，并且会恰如其分地与说话者进行眼神交流。当轮到他们发表意见时，他们能够表达出内心的想法。他们不喜欢闲聊，因为这对他们来说是一种体能上、精神上、时间上的消耗。他们宁愿选择什么也不说。虽然大多数时，他们都是安静的，但对于他们感兴趣的话题，他们会饶有兴趣地谈上一阵，这时我们会感受到，原来内向的他们是那么的有想法，思考得是那样的有深度。

语言表达能力。如果可以选择，内向的孩子更喜欢用书写来代替表达。他们说话的风格可能会被认为是缓慢的、笨拙的、反应不及时的。这是因为他们需要更多的时间去思考怎么回应问题，有时甚至会在头脑中反复斟酌一个词，这让他们会在表达时常有停顿。

情绪和情绪反应。内向的人和陌生人在一起时，会消耗他们的能量，他们会在情感上筋疲力尽。特别是性格内向的孩子，他们在人多的地方待久了之后会变得脾气暴躁和烦躁。即便是不反感社交的内向的人，他们在参加聚会之后，也会感觉很累。所以，如果内向孩子的父母，总是想用增加社交活动来提高孩子的社交技能的话，太满的时间表会把他们压得喘不过气来。

内向人的优势

深入的思考能力。正如前面提到的，内向的人在喜欢的事情上绝不吝惜时间，他们喜欢深入透彻地探索自己感兴趣的主题，并且可以长时间专注地做一件事。这也是他们不喜欢出门、不喜欢社交和被打扰的原因。他们非常看重自己的内心世界，包括感知、思想、观念、信念和感觉。

心细善于观察。他们看起来呆呆的，这并不代表他们内心戏不足。他们对周围发生的情况非常了解，他们会注意到外向型人没有关注到的细节。但是他们并不会很快发表意见，或许需要回家沉思一段时间，几天或者几周以后，在他们准备好时，自然会回应。

他们耐得住寂寞、善于坚持，如果他们愿意，可以成为商业奇才（比尔·盖茨、扎克伯格、乔布斯）、著名影星（周星驰、梁朝伟）等，这些职业与内向并不矛盾。

家长能做些什么

放下焦虑。当我们面对一个内向的孩子时，我们无须过度担心他会不会没朋友？被人嫌弃？孤独，甚至孤独终老？其实，孩子一个人在屋里玩得好着呢，他正在享受一个人的快乐时光。我们所有的担心都是我们自己给自己的，与孩子本身无关。是因为我们对孩子没有自信，才会担心孩子会出现我们假设的问题，这是最典型的庸人自扰。放下这颗焦虑的心，用心观察自己的孩子，和孩子一起快乐活在当下，这才是最适合做的。

接纳孩子。如果我们总是想把西红柿变成苹果，那么恐怕只有魔法能满足我们的需求。内向的孩子，就是那个西红柿，看起来软软的，实际上很有内涵。内向性格的成因结合了社会因素、家庭因素、遗传因素、教育因素、文化习俗等多方面，作为家长，我们无法改变孩子，或者说，与其改变孩子，不如接纳孩子本来的样子，或许会收获另一份惊喜！

不过多干涉孩子。内向的孩子总是感觉温吞吞的，特别是在社交场合，这会让很多父母抓狂，很想在后面推他们一把，让他们冲向人前。但我却鼓励家长反而应该退后一步。因为内向的孩子需要自己独处的时间，他们不是不懂，而是不愿意或者不需要。那我们为什么不随他们去呢？

第四节　孤独的成长

一个人待在家里读书、听音乐、休息、锻炼、绘画、做手工、玩游戏、上网追剧……

作为独生子女家庭的一分子，从小就要面对独自一人的现实。他们孤独吗？

越来越多的调查认为，青少年和青年人比任何一个年龄阶段的人更孤独。他们虽然被学校、朋友、家长、体育活动、社交充斥着生活，但是他们甚至比老年人还要感到孤独。

英国广播电台 BBC 的一项针对青年人的调查发现，10 个人里面有 4 个人在与孤独共处。他们描述了自己正在经历被误解、伤心、害怕错过、没有人可以交流、与世界脱离的感受。

什么是孤独

孤独是一种主观的感受。它是一种自觉与他人或者社会疏远、隔离的感觉和体验，是非客观状态。

“孤独就像身处在茫茫太空，一种空虚感，无论你有开心的事还是不开心的事，都没有人可以倾诉。”这是 2018 年 BBC 在一项面向全球各地 55000 人的调查中，一个女孩对孤独的描述。

孤独与外在环境无关。无论是身处人群还是独自一人，孤独感都不会改变。孤独是一种与他人无法连接的感受：无法获得理解，无法被满足，无法与人进行情感交流。

孤独不是内向人的专属。“即便有很多朋友，看起来很开朗的人，还是可能感觉孤独。”加利福尼亚儿童健康委员会凯蒂·里弗斯说。的确，那些看起来有很多朋友的青少年也会同样面临孤独感。

“我也不是不能跟人聊，我也有朋友，但是我并没有办法或者也不想跟他们分享我心里的真实想法，我觉得他们不会理解。”这是一个 16 岁的女孩对自己孤独感的描述。

他们缺少有效的交流，或者他们缺少需要的交流。青少年是一个矛盾的年龄，他们容易被同伴误解、被父母不理解，这让他们感觉自己处处被孤立。

反之，内向的人面对孤独可能更为平静，他们更喜欢孤独，他们喜欢一个人独自打发时间，而不必强求自己出门应酬，孤独对他们来说更像是一次休息或者是充电。

孤独会有哪些影响

情绪低落。孤独的人容易陷入消极思维里无法自拔，会增加抑郁和自杀的风险。

睡眠不足或者睡眠不好。长期睡眠不好还会导致注意力不集中、情绪持续低落、认知障碍，甚至是身体健康问题。

无法自控。情绪的低落容易引发暴饮暴食、饮酒、吸烟，甚至吸毒的行为，这些行为继而会引发一系列身体上的后果，如肥胖、幻觉、成瘾症（吸烟成瘾、酗酒等），免疫系统出现问题，甚至有感染更严重的病毒的可能性。

降低幸福感。长期的孤独会对人身体、内心产生严重威胁，严重影响人们生活的幸福感。

孤独都是不好的吗

有研究者并不这样认为，孤独会改善我们与他人的关系。社会神经学家约翰·卡西奥普认为，孤独感是人类进化的产物，其目的在于促使我们改善与他人的关系。他认为，人类只有感受到孤独，才会促使进一步地接触他人和社交活动。人类一直以群居生活来保持生存安全，因此与人保持连接是一种生存本能。

孤独会增强同理心。有研究发现，处于孤独状态的青少年，他们的同理心是有所提高的。虽然孤独是一种挑战，但是它会让人学会从他人的角度看待问题，让人更加敏感细腻，更容易理解他人。

青少年为什么会感觉孤独

亲近人的离开。不仅仅是对青少年，对成人也是如此，亲近人的突然离开——死亡或者分手、搬离城市、转换住所、更换学校、升学，这些都会让青少年的生活发生重大变故，让他们离开原本熟悉的环境、原本亲近的人，这会让他们感觉疏离，带来孤独感。

被同伴排斥。正如前面章节提到的，青少年在社交上被拒绝、被欺负或者被忽略，都会让他们产生自己被排斥的感觉，这让自尊心很强的青少年感到孤独、情绪沮丧甚至伤心绝望。据统计，有接近 50% 的被忽视的学生感受到了孤独感。

青少年的情感更为敏感。青少年正处于青春期，他们在热烈地追寻自己的同一性，极度渴望与人连接，通过同伴来找寻自己的身份和在这个世界上的位置。他们本身就处于充满压力和相对混乱的时期，处于情感的敏感期，没有办法像成人一样客观地分析自己，拥有强大的忍受孤独的能力，所以，他们更容易感觉自己被遗弃，感觉自己很孤独。

孤独是青少年的特点。“我从未见到一个不感觉孤独的青少年。”研究青少年心理的心理医生罗特韦勒说。青少年需要留一点儿时间给自己，去面对这段独特的成长时光。孤独给了他们时间去思考自身价值，这有助于他们完成自我认同和自我认知。他们需要这份孤独，逐渐脱离原生家庭，帮助他们建立真正的自我认同感和独立性。

社交媒体与孤独

社交媒体让我们更加孤独。也许我们感觉有了微信、微博、抖音等社交媒体之后，我们似乎与亲人和朋友的距离更近了，我们只需拿起电话就可以呼唤地球另一侧的那个人，但实际上根据研究发现，社交媒体的出现让人们更加孤独。

研究认为，人与人之间的孤独感不会因为键盘而改变。虽然互联网的虚拟世界为青少年提供了更多的交流渠道，但是它仍没有办法替代面对面的交流。

2017 年，《临床心理学》杂志上发表过的一篇文章指出，青少年心理健康问题和自杀现象的激增与智能手机和其他媒体使用量的增加直接相关。

社交媒体的影响也并不总是坏的。社交媒体因为它的独特性，可以作为一种资源，帮助青少年快速建立联系，帮助青少年缓解孤独感。特别是当一些青少年感觉面对面的交流有些尴尬或者排斥甚至畏惧时，社交媒体就提供了一种便捷的、舒适的接触方式。

社交媒体可以通过“群”的方式，让青少年因为特定的喜好而聚在一起。这种有共同目标的组织，更容易让相似的青少年在网络上相遇，让他们有更多的共同话题，帮助他们建立与他人的关系。但是也有研究表示，越来越多的网络社交群的建立，让青少年感觉到了社交压力，和不得不面对的社交互动相比，这会让他们想要逃跑。

家长能做些什么

不要大惊小怪。当孩子向我们传递孤独时，我们不要表现出焦虑和震惊。每个青少年都需要去面对一些生活的变故，譬如，朋友的冲突、好友的离开，甚至自己与自己的冲突。这些变动的时刻，也是他倍感孤独的时候。我们惊慌失措的情绪只会让孩子的情况感觉更糟。平静地询问孩子是否需要帮助。如果孩子只是传递他的情绪，那么我们只需表示接纳，并愿意做他的陪伴者和倾听者。

让孩子多走出去。能与他人接触，是消除孤独感的关键。待在家里一定不是解决问题的好办法。鼓励孩子出门，跟同学一起，或者参加社区的志愿者活动都是不错的办法。当我们帮助他人时，也是在帮助自己，让孩子通过志愿者活动与他人建立起联系，他人的感激之情也会缓解孩子的孤独感。

养个宠物。有条件的家庭可以给孩子一个宠物。有关宠物对情绪健康价值的研究有很多，宠物可以帮助人缓解不良的情绪和帮助与他人建立联系，宠物本身还可以提供情感支持，照顾宠物也能增强孩子的责任感和快乐感，让他们感觉有所依傍。

孤独并不可悲。孤独是一种常态，每个人都会有或长或短的孤独时刻，这也是人生的一段难得的经历。这些道理我们可以用分享的方式传递给孩子，让他们知道孤独并不可悲也不可耻，不要把孤独和“没有人喜欢我”“我是不值得”这些负面的想法连接在一起，这是我们头脑在夸大孤独本身的作用。最好的方式是接纳孤独，也是接纳自己。

找到一个乐趣。读书、绘画、看电影、写作，这些都是打发孤独时刻的好的爱好。读书可以丰富见识，绘画可以表达情绪，电影可以放松精神，写作可以记录生活。沉迷于喜好的过程，可以帮助孩子从孤独的痛苦中走出来，改善孩子的情绪。

总之，我们每个人终将孤独，这是每个人人生的一份功课。

第五节　自卑的孩子

我们每个人或多或少都会有这样的感受：

对自己刚刚做的决定感到质疑；对自己的行为不满意；对自己说的话后悔；期待自己可以更好一点儿……即便是最自信的人，他们也会有对自己不满意的点，如身高、外貌、形象、家世、能力、学历、业绩、金钱……理想中我们的样子和现实的我们总是有那么一点或者一些差距，当我们对“现实的我”不满意时，自卑就产生了。

什么是自卑

20 世纪初，心理学家阿德勒提出了自卑的概念，并撰写了一本经典著作《自卑与超越》。

他认为每个人都有自卑心理，因为孩子的生存完全依靠成人，所以相较于他们依赖的成人，他们感觉自己极其无能。这种虚弱、自卑的情感，激起孩子追求力量的强烈愿望，从而不断地克服自卑感，所以他认为，每个人克服自卑感的动力，是不断推动人类社会发展的动力。

阿德勒的自卑学说得到广泛的发展和认同，但随着心理学的逐渐发展，心理学家认为，自卑感不仅仅来自儿童时期的经历，它还源于很多因素，如童年经历、成人时期的经历、人格特质、文化……

自卑与自尊

我们在第一章提到自我评价，即自尊。自尊是自己对自己的看法，当孩子对自己属于某类人感到满意时，他们会有高自尊，他们能看到自己的优点，也能看到自己的缺点，并觉得自己有能力克服。相反，低自尊的孩子总是不太喜欢自己，他们总是纠结于自己的缺点而忽视自己的优点，总觉得自己比他人差，这也就是我们今天谈的自卑。

信心就像是我们随身携带的一款香水，它是一种积极的感觉，它让孩子积极地思考，当孩子确定想要某些东西时，他们会选择积极地表达自己的需求，这是对自己也是对他人的一种信任。

但是当我们自卑时，我们没有给自己一个正确的评估，我们看不到自己的自我价值，我们对自己缺乏信心。

作为成人，我们仍然记得自己十几岁时的自卑感。我们总是感觉自己是笨拙的，我们还不曾了解自己，也并不信任自己；我们会为了他人的一句话而彻夜难眠；我们会因为怕人笑话而不敢发出自己的声音；因为担心自己的能力而放弃了自己喜欢的运动；因为对自己身材的不自信而放弃舞蹈……

不过随着年龄的增长，在我们逐渐走过那段自我否定和自我重建的时期之后，我们成了现在的我们。如今，轮到我们的孩子了。

是什么引发了孩子的自卑

生活的剧变引发自卑。青少年时期是巨变的时期，对孩子来说，青少年时期充满了挑战——新的学校、离开的朋友、新的人群。他们的生活发生巨大变化的另一面就是随之而来的压力、担心、不确定的恐惧。在这时，任何小的事情都可能会引发他们的焦虑。这些焦虑阻碍了他们积极思考的能力，让他们陷入消极地自我否定的情绪里，自卑就随之而来了。

多重压力引发自卑。同伴压力、社交压力、家长压力、升学压力、情感压力，这些都加剧了青少年的不安全感。他们担心自己的成绩不够好，担心父母对自己不满意；他们宁愿独自一人，担心自己被拒绝；他们害怕失去朋友，觉得自己缺乏魅力；他们总觉得自己到处不对，个子不够高、腿不够长、身材不够好、看起来不够有吸引力。总之，在复杂的压力情况下，他们无法正视自己，无法对自己有一个客观的评价，从而引发了自卑。

同一性的追随引发自卑。青少年时期是迷失自我的时期。这段时期的孩子，他们并不知道自己是谁，自己要什么，自己将走向何方。他们处于混乱期，一边否定过去的自己，一边追寻理想中的自己，这段自我推翻和自我重建的时期，这些不确定性，让他们的信心颇受影响，也动摇了他们的安全感。在动荡中，他们变得敏感，任何的风吹草动都会触及他们的神经，引发他们的自卑。

自我效能感低引发自卑。自我效能感是指一个人对自己是否有能力完成某一项任务的预测和判断，自我效能感越高的人，越相信自己可以完成某一项任务。反之，自我效能感低的人，越不自信，做事情畏缩不前，情绪化地处理问题，在压力面前束手无策。容易自卑的青少年，大多是自我效能感低的孩子。

自卑对孩子的影响

积极的自尊对孩子很重要，因为这可以鼓励孩子不断去尝试新事物，并愿意承担风险和积极地解决问题。这有利于他们的成长和学习，有助于他们为自己的未来做好准备。

积极的自尊的孩子的特征是独立、成熟，为自己的成就感到自豪，接受挫折并负责任地处理，愿意尝试新事物和迎接挑战，愿意帮助他人……

相反，低自尊或者说长期处于自卑感状态的孩子，会带来很多问题。抑郁、自杀、厌食症、犯罪，都与长期的自卑感有关。当然，这些并不是仅仅取决于低自尊，也取决于其他条件，但是当自尊与很多压力事件混合在一起时，青少年的问题就会加剧。

低自尊对青少年社交的影响

自卑的人不愿相信他人。友谊中，最重要的一部分就是信任。而低自尊的人恰恰很难相信他人，因为他们连自己都不相信。他们总认为他人在背后议论自己，嘲笑自己，他们不相信自己有被爱的能力，他们看不到自己的价值，所以不相信他人会信任自己、喜欢自己。

自卑的人会拒绝友谊。因为自卑，怕被人拒绝，所以自卑的人会选择先去拒绝他人。我们往往会看到一些独来独往的孩子，在一个渴望社交和同辈陪伴的年龄，他们却选择了独来独往，这是一种自我封闭和自我防御，用这种形式来拒绝他人对自己的伤害。这么做，只会让他们不断地错失友谊，陷入更孤独、更自我封闭的怪圈中。

如何帮助我们的孩子

《自尊》一书指出，自尊是人们不可或缺的情感因素，它来自我们童年时期，来自父母的疼爱、老师的肯定与鼓励、同辈间的认可与欢迎。

除此之外，我们还可以通过一些方式，来帮助我们的孩子。

积极的交流方式。在与孩子交流时，我们应该尽量采用积极的词语，这样传递给孩子的信息也是积极的。如果我们过分苛刻，这会让孩子觉得他们还是做得不够好，或者说他们做错事了。这会加重孩子对自己的负面评价。如果我们总是关注孩子积极的表现，并及时给予肯定和鼓励，这也是在为孩子做一个积极人生的模板。

设计一些小的项目，让孩子来独立完成，增加他们的自信。自信可以通过每一天的努力来不断提升。在家里找一些对孩子有一定挑战的事情，交给他们去完成，调动他们的积极性，或者在他们成功完成后，我们可以给予他们一定酬劳。这会让他们有成就感，每一个完成的项目都是一次激励，都在给他们的自信心加分，提高自尊。

不要追求完美。我们要看到孩子的努力，而不是结果。追求完美，只会让孩子感受挫败，这对他们没有什么好处。相反，赞美他们的努力和努力之后取得的成就，反而会激励他们不断地去接受挑战，这对孩子的自尊是有帮助的。

鼓励孩子去寻找适合自己的团队。在适合自己的团队里，才能发出最耀眼的光芒，鼓励孩子根据自己的兴趣参加团队。不要怕耽误时间，多花些心思去寻找，一定会找到适合孩子的团队。

第六节　被动的人到底在想什么

被动的人总是试图避免正面冲突，他们很随和，但是随和中还会透着冷淡。他们不会用激烈的方式表达自己的观点，如果知道会产生冲突，他们宁可选择保持沉默，大多数时候，我们感觉不到他们的强烈意见。

被动是一种人格特质，或者说是一种个性，被动中透着他们对世界的看法和对权利的感觉。

例如，他们把自己的未来留给“命运”：不需要太努力，努力也没用，还是看命吧。

他们更喜欢“随缘”的关系：该来的总会来，求也求不到。他在乎我就找我咯，他不找我我又能拿他怎么样？

他们有些悲观：为什么坏事总发生在我头上？我没有资格的，我没有钱又没有本事。

他们把失败和命运混为一体：这种事就不该属于我，算了。

他们认为运气是成功至关重要的因素：好运怎么会降临在我头上？

他们不太喜欢直接表达自己的需求：嗯，或许是吧，可能是这样的。

他们看起来很谦虚：我可能错了，我不是专家，但也许……

他们容易犹豫不决：这两种都有优点……

他们常把他人的需求放在第一位：我什么都可以，你先来。

他们常常口是心非：因为他们担心说出自己真实的想法，对方会不高兴。他们不敢表达自己的想法。

被动的原因是不敢主动

在社交方面，他们多数有社交焦虑症。对他们来说，“主动”邀约是一件非常困难的事情。因为“主动”意味着有可能“失败”——被他人拒绝。在他们看来，被人“拒绝”是一种会带来恐惧和焦虑的事情。他们渴望和人亲近，建立连接，但是又担心他人会不喜欢自己、拒绝自己。所以，为了自我保护，他们选择被动地接受，来避免自己恐惧和焦虑。

他们有些自卑。正如我们第五节提到，被动的人有时也是自卑的人，他们没有看到自身的价值，对自己评价过低，觉得自己不配去争取、不配去拥有需求。他们不去提意见，凡事配合他人，顺从他人的安排，实际是对自己需求的一种忽视和漠视，是他们对自己的一种不接纳。

自我意识过剩。他们过分在意和过分解读他人的“拒绝”，其实是一种自我意识过剩的表现。自我意识并不同于之前我们提到的自我认知，自我认知是指有意识地了解自身的思想和情绪，但是自我意识是自我认知的加强版，是对自我的过分关注，是指一种无比强烈地感觉到自己的状态。在这种状态下，他们有一种“每个人都在看着我”的感觉，这让他们自觉性很高，但是这会限制他们的发展。

在这种“被监控”的状态下，他们容易变得缩手缩脚，他们反复思量自己说的每一句话，生怕说错话、做错事，他们显得拘谨而被动，因为他们缺少安全感。他们时刻在思考：是不是我哪里做错了？是不是我做的他们不认同？完了，人家根本不想理我……

所以，在社交上，被动的人看起来也是内向的、话少的，但是这并不是内向的性格导致的，他们背负着巨大的包袱——他人怎么看我，这让他们经常显得紧张而不安，因为他们一直处于思考的煎熬之中。

被动可能源自遗传

在婴儿时期，我们就可以看到孩子气质的不同。

容易型儿童：这类孩子一般处于积极的心境中，他们容易适应新的体验、新的环境，较快建立日常活动的规律。

困难型儿童：这类孩子对很多情景都采用消极的回应，接受新环境较慢，会出现逃避的倾向，需要花较长的时间来适应环境。

迟缓型儿童：这类儿童活动水平较低，稍微有点儿消极，情绪强度较低。

这是早期气质研究者对儿童气质类型的分类。之后，哈佛大学的两位心理学家又提出了一种气质分类。

抑制型儿童：在面对不熟悉的人和事物时，会显得拘束和被动，并表现出逃避的倾向。他们不会主动探索新环境和陌生的事物，且需要花较长的时间来适应环境。他们看起来安静而小心翼翼，会紧张、害怕，会压抑自己的行动。

非抑制型儿童：不太容易紧张和害怕，他们在面对陌生的人和事物时，会显得开心，愿意主动去探索，不会压抑自己的行为。

这几种分类中，困难型儿童、抑制型儿童都是被动的孩子。

虽然从儿童到成人，气质是稳定的、连续的，但是通过后天的努力，特别是父母教养方式会对孩子的气质产生影响，可以让孩子从被动变得更主动一些，但是很难变成非常主动的人。

性别的刻板印象

孩子在 2 岁左右，就已经可以明确地表达自己的性别，2.5 ～ 3 岁时，孩子几乎全部都可以正确地说出自己是男孩还是女孩。这时，他们的性格刻板印象就逐渐开始了。

譬如，他们认为女孩会喜欢洋娃娃、梳长头发、干家务活、做饭，男孩会喜欢玩汽车、火车，喜欢说“我会打赢你”之类的话。

等到孩子小学毕业之前，他们对性别的刻板印象已经跟成人差不多了。他们认为女孩更柔弱、情绪化、被动和世故，而男孩更具有野心、坚定、好攻击、好支配。

孩子会遵从性别的刻板印象来要求自己吗？根据研究发现，孩子在 3 ～ 7 岁时会依据刻板印象来完成自己对性别的认同，他们会严格遵守性别角色的标准，到了 8 ～ 9 岁，孩子开始变得灵活，但成人还是会鼓励孩子遵循传统的性别角色期望，并将这种刻板印象延续下去。到了青春期，男孩、女孩进一步发现，只有遵循传统的性别期待，才能更顺利地迎来他们期待的情感。

家长能做些什么

如果被动并没有影响孩子。被动和主动就如外向与内向性格一样，没有绝对的好与坏。所以，如果我们的孩子是被动的个性，并且他没有感觉到什么不舒适、不对劲，那么就让他遵循内心，继续成长即可。

如果我们想培养一个“主动的孩子”。也许我们不能让被动的孩子变成主动的孩子，但是我们可以让原本被动的孩子更主动一点儿，或者保护好主动的孩子的天性。

我们要给孩子一个接纳的环境。虽然我们很期待孩子可以更好一点儿，但是过于对孩子的苛责，会让孩子变得缩手缩脚，会抹杀掉他们探索环境的天性和勇气，让他们总是对自己的能力怀疑，对自己的评价过低。我们要给孩子一个轻松、支持的成长环境，允许孩子犯错，接纳孩子的各种行为，让孩子更关注自己的需求，鼓励孩子表达自己的需求，为自己发声。

我们要鼓励孩子。鼓励孩子走出去与人交往、更主动地表现自己、主动地面对问题与解决问题、主动地去尝试，并且在他们每一次“主动出击”之后，都给予正向的赞赏。当孩子逐渐在尝试中有所收获时，譬如，收获了朋友，自己的需求得到了满足，他们就会越来越趋向于主动。

第七节　羞答答的玫瑰静悄悄地开

有的孩子喜欢新的环境，新的环境就像一块未开垦的处女地，让他们有机会在上面肆意驰骋，寻找自己的新朋友。

有的孩子却是另外一个样子。

就像我，从小就是安静和害羞的。在陌生的场合总是充满了无措，即便是和熟悉的人在一起，也需要一些时间才能开始交谈。这种“认生＋慢热”的个性，就是害羞的一种。

什么是害羞

害羞触及生活的方方面面。

害羞的人害怕当众说话——上课时，老师一提问，不管自己会不会，就会把头低下的那个人。

害羞的人害怕见到人（无论熟悉还是不熟悉）——那个见到女同学就脸红的傻小子。

害羞的人总是口是心非——去朋友家做客，即便肚子已经饿得咕咕叫，朋友端来零食，还是会不好意思地说“不用不用”。

害羞的人不愿意开口求人、最怕开口说话，当遇到需要跟陌生人互动的活动，害羞的人几乎会消耗掉全部的能量……

所以，害羞不仅仅是一种情绪，还是一种不舒服、胆怯、尴尬、紧张、不安全，甚至有些恐怖的感觉，通常发生但不局限于新环境、陌生人出现时，它会从各方面影响一个人的生活。

而且，害羞是人类共有的一种特质，具有普遍性和人群分布广泛性的特点。心理学家津巴多教授的团队对近万人进行了害羞调查。在接受调查的人中，超过 80% 的人表示，在他们的生命历程中，曾经经历过害羞，正在体验害羞，甚至是经常感到害羞。在接受调查的人中，超过 40% 的人认为他们现在是害羞的。这意味着我们每遇到 10 个人，就会有 4 个人正在体验、经历害羞。

应对新事物时，害羞会出现

陌生的情况会带来害羞，譬如，小朋友第一天上学、参加学校的活动或者第一次在全班同学面前说话，这些情况下都有可能发生害羞。当人们不确定他人会如何反应或者被人关注时，害羞的情况就会发生。当人们可以预知接下来会发生什么，明确地知道要做什么、说什么，或者在熟悉的人之间，害羞的情况就会大大减少。

害羞的人在面对新事物时，通常会有些犹豫。他们通常会采用观察的状态，来看一下周围的人都是如何开始说话的，或者如何融入氛围的。他们需要一个相对较长的时间，来让自己做好面对的准备。

譬如，在第一次上课前，老师会通过点名的方式来认识每个孩子，害羞的孩子从老师开始叫第一个人的人名时，就开始进入紧张状态，直到点到他答“到”之后，他才会长舒一口气，从紧张的情绪中把自己释放出来。整个过程中，他承受着巨大的压力。

更严重的害羞

跟其他情绪类似，害羞也有轻微、中等、强烈不同的程度，具体取决于害羞发生的情况和人。大多数害羞的人，都处于轻度至中度的范畴。他们经常会在特定场合、特定情况或者与特定人群一起时，感到害羞。

害羞的人，他们会认为自己是害羞的个性，他们在大多数情况下，都需要更多的时间去适应新的变化，他们更愿意生活在熟悉的状况里。但实际上，更为常见的情况是，他们的害羞是缺少社交技巧或者是缺乏自信心，他们需要一些技巧，来应对这些陌生的场合。

严重程度的害羞的人，会伴有社交焦虑症。在这种情况下，他们会刻意地与人远离，避免与人交往，尽量回避社交场合。正如前面章节提到，他们通常非常关注他人的看法，具有较高的自我意识，他们渴望与人连接又害怕被人拒绝，在这种纠结的心态下，他们经常会做出主动地拒绝或者主动地破坏关系的行为，防止自己与他人越来越亲密。

为什么害羞

研究者认为害羞可能来自很多不同的原因，如遗传的影响、孕期母体对胎儿的影响、孩子成长环境的因素（如儿童时期遭受情绪虐待），或者是创伤性事件，等等。

遗传学认为，我们的基因决定我们的身体特征，如身高、眼睛的颜色、肤色、形体。但是也会影响我们的一些人格特质，如害羞。约有 20% 的人具有害羞的遗传倾向，但是研究表明，并非每个有害羞遗传倾向的人都会显露出害羞的气质，成长环境和生活经历还发挥着重要作用。

研究认为，遗传只是部分导致害羞的原因，害羞是一种气质特征，而这种气质就像性格的前兆。事实上，只有 30% 的害羞人群是由基因决定的，其余的 70% 则是对环境的一种反应。

当人们面对可能引发他们害羞的情况时，他们如何处理这次情况会影响他们未来遇到类似情况的心理状态和反应。也就是说，如果让害羞的人一点一点地接触新事物，那么可以帮助他们变得逐渐地自信起来，让他们越来越适应新环境，在新环境里越来越自如。反之，如果他们在一个陌生的环境里被欺负，或者陷入困境、被嘲笑，那么他们害羞的情况可能会加重。

周围的人也会对孩子的害羞产生影响。譬如，一个害羞孩子的父母，如果他们总是过度地保护孩子，那么会让孩子在面对不熟悉的环境和人时，本能地产生想逃回家里的想法和行为。

正因为外界环境对害羞影响如此重要，我们可以通过一些方法，来帮助孩子（甚至是生来害羞的孩子）逐渐脱离害羞的影响。

害羞都是负面的吗

我们都想让自己变得开朗，在社交方面容易一些、顺利一些，想改掉自己害羞的“毛病”。然而，害羞的人也有害羞的好。

害羞的人是更好的聆听者。有研究表示，害羞的人更喜欢听他人谈话，所以他们是天生的、好的倾听者。

害羞的人大多是敏感细腻的人。他们会更善于感受他人的情感和情绪，他们心思细腻，很会关心他人，看到他人的需求。特别是当遇到跟他们一样害羞的人时，这种同为“害羞人”的经历，让他们走得更近。

女孩对害羞的男孩更感兴趣。我们都认为女孩会对自信的男孩更感兴趣，实际上可能恰恰相反。害羞的男孩，对于女孩的“杀伤力”极大。人们都渴望拥有自己无法拥有的东西，无论男女。而害羞的男孩刚好满足了女孩的好奇心，他们越是不说话、沉默，他们越让人感觉神秘，越让女孩想要一探究竟。特别是当一个外向的、热情的女孩，遇到一个安静的或者看起来有点儿闷闷的男孩时，他的耐心、细心，还有他认真听她说话的样子，太让人着迷了。

如何改变害羞的状态

当然，还是有很多人希望自己可以减少害羞的情绪，在社交中获得更多的乐趣，有什么好的办法呢?

克服害羞需要不断地练习。害羞的人会习惯性地回避新环境、社交场合，这绝对不利于改掉害羞的“毛病”。相反，积极地把握住每一次的锻炼的机会，练习的次数越多，那些社交技巧就掌握得越娴熟，慢慢地，这些技巧就内化成了自己的一部分，再遇到陌生环境，我们就可以自然地面对了。

克服害羞是一个相对漫长的过程。虽然进展会很缓慢，但是我们一定要有耐心。可能我们或者我们的孩子在练习社交时，会出现一些意外，如被人嘲笑、不被人接纳……这都会引起阶段性的退缩，在这样的情况下，我们需要不断地自我鼓励，或者给我们的孩子鼓励，帮助他们树立信心，不断地向前。

尴尬情绪。每个人都会感到尴尬，害羞的人更害怕尴尬。但是不要被尴尬妨碍自己想做的事情。例如，我们不能因为害怕尴尬而拒绝参加同学聚会，那么会丧失掉一次锻炼社交的机会。每个人都是处在尴尬中，只是很多人逐渐掌握了社交技巧，所以，我们也一定可以！

害羞可能并不会消失。我们可能需要一辈子与害羞共处，但这并不代表我们会受制于害羞。对于一个害羞气质的人，我们可以通过不断的练习，用技巧来改善自己的社交，但是并不代表害羞的情绪不会在社交时出现，这是一种与害羞共存的状态，很正常，这说明害羞已经被我们控制了。

接纳真实的自己。无论怎样，我们无法改变自己真正的样子。它可能是自带害羞风格的，也可能是热情洋溢的。这些都不该影响我们的心态和我们的生活。我们就让这朵羞答答的玫瑰静悄悄地绽放它生命的奇迹吧！

第八节　孩子不是胆小鬼

2008 年，一位家住纽约市皇后区的 9 岁男孩的妈妈，把她儿子留在了纽约最繁华的地方——曼哈顿，然后给了他 20 美元、一幅地图、一张信用卡，跟他说孩子你可以自己回家的。就这样，这个 9 岁的男孩，回忆着这条跟妈妈多次走过的路线，乘坐地铁、公交车，几经周转，回到了家里。当他回到家里时，他感到非常高兴，他一直在等待这个可以证明自己的机会，现在他做到了。他洋溢着成熟感，他感觉到自己的能量。

类似的例子也发生在我周围。我先生上小学一年级时，忘了戴红领巾，老师跟他说："没戴红领巾就不能参加下午的诗朗诵活动。"他特别懊恼，非常想参加已经准备了快一个月的诗朗诵活动。所以他自己从学校跑出来，兜里没有一分钱的他，沿着平时坐的有轨电车的轨道，穿越最繁忙的街区，走了 1 个多小时，走回了家里。

当然，我不是在说我们要把孩子扔在马路上，让他们学习独自回家。我也不是在谈要把孩子扔到陌生环境，锻炼他们的生存能力。我想谈的是信任和放手以及过度保护。

过度保护的概念

过度保护一般解释是父母为了不使孩子受到伤害，过分给予保护以致影响其独立性发展的倾向。似乎我们每位父母都意识到过度保护是对孩子不利的，但是我们的行为并没有停止。

还在学走路的孩子，没走稳时，就开始踉踉跄跄地小跑，我们会下意识地脱口而出：慢点儿走，小心别摔倒。大一点儿孩子开始可以独立活动时，我们担心的内容就更多了。剪刀藏起来，柜子锁起来，家里圈出一块地方把孩子“圈”在里面，床边上安上安全护栏，出门拴上防走失绳，所有的儿童用品都换成塑料的，所有的孩子的座椅都要配有安全带……

诚然，我们帮助孩子躲开危险，我们给每一次制止孩子的行为都可以找到一个妥帖的理由。谨慎有错吗？我们认为跑会让孩子摔倒、剪刀会伤到孩子眼睛、柜子里的瓷器会扎破孩子的脚、走在路上的孩子可能会被坏人抱走、游乐场的秋千会让孩子跌落……家长和学校的主要职责不就是确保孩子安全吗？

压力与过度保护

再谈谈另外两个压力的概念：慢性应激和急性应激。

慢性应激。我们都知道长期的压力会带给人们很多负面的影响，特别是儿童。如果儿童长期遭受虐待、忽视、剥夺、暴力等行为，让他们的童年处于长期紧张的状况，就会导致成年后的他们焦虑、抑郁或者其他情绪和适应性障碍。所以，我们应该保护孩子，避免他们遭受长期压力的侵害。

急性应激。又称急性压力，是对可怕、竞争或者危险刺激的反应，这种刺激在几秒钟或者几分钟之内结束，是短暂的压力，很多体育项目、游戏，特别是身体游戏都涉及一定程度的急性压力，还有极端一点儿的活动，如蹦极、跳伞等。对幼儿来说，秋千、滑梯也可以达到急性压力的效果。

急性应激是有益于成长的。越来越多的证据表明，急性应激不仅很有趣、很刺激，对于孩子的成长也是必需的。

科学家用大鼠进行实验后发现，急性压力对于大鼠脑部发育有着积极的影响，定期遭受轻微急性压力的大鼠的海马神经元、神经干细胞和连接较多，大脑区域因其将短期记忆转换为长期记忆而发挥作用。

除了大鼠，在很多动物身上我们都得到了类似的结论。急性轻度压力对于大脑发育、社交技能、行为，甚至治理都有益处，也有结论表明，急性应激对免疫系统有益。

体力上的消耗、操场上的对抗、适当的经历周期性的恐惧都是急性压力的诱因。孩子的确有可能从秋千上跌落，但是也教会孩子要学会保护自己、增强体能，拥有危险意识和恐惧感。这些都是无法通过口述来学到的。

如果我们可以在孩子小时候竭尽全力地保护孩子（限制孩子）避免危险，那么等到他们长大，当他们独自面临风险时，他们又该如何应对呢？

过度保护会引发行为和情绪问题

《发展心理学》杂志发表过与过度保护相关的文章。文章中指出，父母过分保护孩子会引发孩子行为问题和情绪问题。来自美国和瑞士的研究人员针对 422 名 2 岁、5 岁和 10 岁的孩子进行了阶段性跟踪调查，研究结果表明，如果孩子在 5 岁时能够表现出稳定的情绪，那么他很有可能会有好的社交能力，并且会在 10 岁时表现得更好。能够有效控制冲动的孩子不太容易出现情绪问题和社交问题，他在 10 岁时能够在学校有更好的表现。

研究组认为，父母溺爱、过度保护孩子的行为主要包括父母不断告诉孩子玩什么、怎么玩、玩完后如何收拾，这些父母往往太过严格或者太过挑剔。

被过度保护的孩子在面对成长中的各种挑战时，会表现得更加无措，不知道该怎么办。过度保护会让孩子的自控行为低于平均水平，无法很好地控制自己的情绪和行为，这些孩子在班级中的表现要差一些，而且这些孩子会更不容易交到朋友。被过度保护的孩子会变得多疑，有些会变得冷漠，还有些会表现出沮丧情绪，甚至不能很好地融入社会。

过度保护更多的是一种假设

“别碰那些！脏！”这是我们对孩子最常使用的指令性语言。事实真的是这样吗？

在这些以卫生为前提的保护后面，实际更多的是我们的一种假设。越来越多的研究表明，让孩子尽早接触“安全细菌”，会对孩子的身体有好处。

什么是安全细菌？那些生活在土壤中、动物或者植物身上的细菌、病毒和微生物，并非会让我们生病。让我们生病的病毒和细菌大多来自人类，而不是在尘土中。在大自然中，有无害的细菌和病毒，我们的免疫系统会分辨出病原微生物与非病原微生物之间的区别。

当然这与好的卫生习惯并不矛盾，我们仍然要告知孩子，保护自己。在流感高发季节，我们要勤洗手、保持社交距离，甚至戴上口罩。然而在大自然里，我们的孩子去草地上奔跑、翻滚，在雨水和泥土中嬉戏，甚至把自己埋在沙子里，这是他们的快乐，也是人类的快乐。

我们一直在低估孩子

在南太平洋某座岛屿上，研究人员完成了这样一个实验。

一个由 13 个固定的、2 ～ 5 岁的孩子与一对在周围上学的、随机出现的兄妹构成的活动组，他们在无成人干涉的情况下自由玩耍，观察持续 4 个月。

这群孩子自由地组织活动，在整个观察期间，他们面临着各式各样的组内事件，譬如，解决争端、避免危险、处理伤害、分发物品，以及与其他人进行谈判，而这些都没有成人干预。他们避开成人，可能是因为成人会干扰他们的游戏。

这个游戏的区域是有危险的。他们游戏的区域是在海岸上，一艘破旧的、已经不能使用的船搁浅在沙滩上。岸边大块的岩石上撒满了碎玻璃，礁石陡峭而且湿滑，孩子在船上爬上爬下，在岩石之间行走，他们偶尔会发现大块的石头、被丢弃的斧头甚至是刀具，他们留了下来，保存着。研究人员发现，虽然这个环境以及他们使用的物品对他们来说都具有危险性，但是在整个 4 个月的观察过程中，他们很少发生事故，只是会有轻微的擦伤、打闹、戏弄，虽然他们会经常吵架，但打架、发脾气、长时间哭泣的情况很少出现。他们会经常发生争议，但是会在几分钟内就消失了。在整个过程中，他们并没有寻求大人和大孩子来解决他们的冲突或者指导他们的游戏。

在这个活动组中，四五岁的孩子会照顾两三岁的孩子，而且他们几乎全程都是这样做的。他们有 24% 的时间是在假装游戏，譬如，他们假装自己在船上钓鱼、准备晚宴、狩猎；有 30% 的时间是用于构造游戏，譬如，建造他们的活动场所、新的建筑物；有 28% 的时间是进行身体游戏，譬如，相互追逐、攀爬等。这些都是自发的，没有任何成人参与。

当后续研究人员向孩子的家长询问关于孩子玩火柴和刀具的事情时，家长表示，如果他们知道，一定会把刀具和火柴拿走，因为他们担心孩子会浪费火柴或者玩坏了刀具，并不是因为担心孩子会伤害自己。研究人员认为，这座岛上的孩子很善于自行解决问题，没有对成人发牢骚，或者寻求成人的关注。

生活中没有什么是没有风险的，当我们在保护孩子的同时，也是在剥夺孩子的自由、承担能力、信心和勇气以及成长所必须承担的风险，而我们却可能将他们推向更大的深渊——让孩子永远学不会掌控自己的生活。

不是孩子胆小，是我们的焦虑促使我们总是在担心他们、限制他们；不是孩子承担不了压力，是我们不愿意把他们放在压力的环境里；不是孩子不行，是我们没有给他们可以的机会。

所以，勇敢一点儿，放开手，对孩子，也对我们。

第五章

影响社交的关键因素

第一节　情绪：滋润孩子友谊的土壤

我在书中一直反复提到情绪。愤怒、悲伤、快乐、惊讶、恐惧，这些词语出现的同时，我的头脑中都有不止一个表情画面与之相应。

如果我们观察一个孩子，他在生命的头两个月，就会出现不同的情绪：喝完奶以后，他小脸红扑扑的，微张着小嘴，神情放松，这传递出他满足的情绪；他朦胧地睁开眼睛，发现在他面前移动的玩具，他瞪圆了眼睛跟着玩具一起移动，这传递出他对新事物的好奇；当他饿了时，哇哇大哭，传递出此刻的痛苦……对一个孩子来说，他用这些表情和身体的行为，来传递他的主观感受——情绪。

什么是情绪

当一个孩子出生时，他的情绪就出现了。但是并非所有的情绪都在他出生的那一刻就存在，很多情绪需要他经过一段时间的学习才能够让他逐渐掌握，譬如，愤怒、恐惧、快乐、悲伤、惊讶等。当孩子发现自己的手在触摸按钮后可以发出声音时，发现自己可以控制自己的手击掌时，快乐、惊讶等情绪被激发；当他想要拨弄开关来体验被家长拒绝，或者想要食物来满足口腹之欲时被家长阻碍，即便是 2 ～ 4 个月的孩子，也会表现出愤怒或者伤心的情绪。

《积极情绪的力量》的作者芭芭拉·弗雷德里克森在书中指出，我们的情绪来自我们祖先对洪水、猛兽和饥饿的记忆，这些在远古时期人类需要面临的生存挑战，成为我们基因的一部分，并用情绪体现出来。这些情绪帮助我们的祖先生存至今，也充分解释了自然选择的力量，塑造了情绪，并让情绪成为我们人类的本性。

对于情绪的认知，中国文化早有“七情”之说，即喜、怒、哀、惧、爱、恶、欲，它们与生俱来，“弗学而能”；按中医的说法，则是喜、怒、忧、思、悲、恐、惊，与人的五脏六腑、五运六气相关联。

相较于“七情”的笼统说法，西方心理学则对情绪进行了具体的研究。美国的普鲁特奇科博士是这一领域的翘楚。通过对情绪的毕生研究，他将所有物种共有的情绪归纳为“八情”，并认为人类所有的其他情绪都是由这 8 种基本情绪复合、混合或叠加而衍生出来的。

1980 年，普鲁特奇科博士总结出一个情绪轮模型，在这朵“情绪之花”中，8 种不同颜色分别代表 8 类基本情绪：喜悦、信任、害怕、惊讶、难过、厌恶、生气和盼望，每一类情绪内的颜色深浅则代表了该类情绪的不同强度；对立的两种情绪被安排在了相对的位置上，相邻的情绪则组合成为更高级的情绪。比如，爱是喜悦和信任的组合。其他没有显示的一些情绪，也是由情绪轮上这些基本情绪组合而成的，诸如难过和生气的组合，生出了嫉妒。

这个情绪轮模型清晰地展示给我们情绪的样子，可以让我们更加了解和认知情绪的样子与不同情绪之间的关系。

情绪像空气一样，存在于我们周围，我们可以感应到他人的情绪，也可以感受到自己的情绪。我们会受到他人情绪的影响，也会因为自己的情绪而采取一些行为举动。

情绪对我们的影响

对损失的厌恶导致了一种名为“禀赋效应”的东西：一旦我们拥有了某样他人没有的东西，那么当他人愿意出价来购买这样东西时，我们的要价会变得更高。一般来说，“所有者”愿意出售的价格与“买家”愿意支付的价格之比约为 2∶1。我们对损失的厌恶使所有权赋予了物品更大的价值。

然而，研究人员发现，有一种非常简单的方法可以让“所有者”和“买家”赋予一件物品同样的价值：让他们感到悲伤。2004 年，研究人员用荧光笔让一些参与者进行了经典的禀赋效应实验，实验发现那些得到荧光笔的人比没得到的人对荧光笔的估价更高。但是，另一组参与者首先观看了一段非常悲伤的电影短片。尽管电影短片与荧光笔的估价任务无关，但悲伤的参与者对荧光笔的估价与他们的对照组非常不同：悲伤的“所有者”要求以相当低的价格来放弃奖品，而悲伤的“买家”愿意支付比对照组更高的价格。事实上，两个观看了悲伤电影短片的小组在物品价格上并没有统计学上的差异——悲伤完全消除了禀赋效应！

为什么在你已经感到悲伤时参与估价任务会影响你对一件物品的估价？这与悲伤、无助感密切相关。此前的研究表明，当感到悲伤时，我们常常会觉得自己受到周围环境的摆布。这意味着，为了摆脱悲伤的状态，我们有动力去控制自己的处境。所以，当你是一个悲伤的荧光笔拥有者时，你愿意廉价地放弃它们，因为这是一种改变目前情况的简单方法。当你是一个没有荧光笔的悲伤者时，一个改变情况的方法可能就是获得新的荧光笔，管它是价格多少。

情绪可以对人的行为、思想产生影响。当某种情绪被忽视、被压抑时，潜意识就会关闭身体的某一个神经传递枢纽，或是刺激某种激素大量分泌，最终导致与这种情绪相对应的某个身体部位产生生理问题，身体就会用疾病的方式去提醒你，有些情绪你需要去面对、去处理。

芭芭拉·弗雷德里克森有一个比喻："我们就像玉簪花，积极情绪就像阳光。"通过实验，她发现了这样的真相：积极的情绪让我们感觉良好，而良好感觉唤醒了改变的动机。积极的情绪能够让我们"开放"。积极的情绪的开放性会让我们更善于用"双赢"的思维思考问题，更容易用"我们"来思考问题，更善于建立持久的关系，能以更开明的方式处理问题，与人形成良性的互动。"你若盛开，清风自来。"在积极的情绪下，我们尽情地绽放自己，欣赏我们的人、喜欢我们的人就会自然而然地出现，这有助于我们的社交。

当我们感觉糟糕时，我们是处于防御状态的，绷紧了肌肉，也绷紧了神经，对周围的一切都充满了怀疑，警惕地打量着任何人、任何事。绷紧的神经，让我们变得异常脆弱。缺乏信任是社交最大的绊脚石，这样的状态让我们很难敞开心扉，与周围的人建立关系。消极的情绪帮助我们从远古恶劣的情况中活了下来，这样的状态是有必要的。然而，假如环境改变了，生存威胁不存在了，我们还是无法摆脱这样的状态，那么社交问题就出现了。我们会创造出并不存在的威胁，让自己变得很焦虑，封闭自己，让自己变得抑郁。

什么是积极的情绪

积极的情绪并不简单是一个快乐的心情、一个好心情，“快乐”是一个太过于宽泛的词语，芭芭拉认为，我们应该更详细地去描绘快乐。所以，她提出了 10 种积极的情绪，分别是喜悦、感激、宁静、兴趣、希望、自豪、逗趣、激励、敬佩和爱。

积极的情绪并不是持续存在的，它可能只是一瞬间的感受，但这种感受可以带给我们当下的幸福感受，它强调的是活在当下、珍惜当下。我们也无法让积极的情绪持续，它总是与消极的情绪周而复始地轮流出现在我们的生活里。芭芭拉指出，最有助于推动生活、让我们活得欣欣向荣的积极的情绪与消极的情绪的比例是 3∶1，这会让我们既感受到幸福，又存在警惕性。她拿帆船做类比，消极的情绪是龙骨，积极的情绪是船帆，龙骨是不可缺少的，没有龙骨哪里也去不了，而船帆在顺风时可以加快速度。可见，凡事皆有度，适度才是最好的。

如何帮助我们的孩子

情绪就像流动的水，既具有能量也存在动力。它会打败一个人，也会成就一个人。我们希望孩子可以更多地出现积极的情绪，创造积极的情绪而尽量减少消极的情绪，降低消极情绪的影响。我们也希望孩子可以获得情绪的掌控能力，成为情绪的主人而不是被情绪牵着鼻子走。

根据芭芭拉的研究，消极的情绪分为两种，一种是具体的、可改正的消极情绪；一种是全面否定的、没有理性的消极情绪。前者是必要的、合理的，有助于帮助我们解决问题。另外，积极的情绪并不是越多越好，当它与消极的情绪超过 11∶1 的比例时，会让人“飘”起来。所以，我们可以通过一些方式，来帮助我们的孩子学习管理他们自己的情绪。

科学地管理情绪，而不是一味地忽视和压抑情绪。看见自己的情绪，感知自己的情绪，而不是当成鸵鸟，逃避或者掩盖自己的情绪，让自己成为一个没有活力、没有激情的人。科学地管理情绪包括感知、控制、表达和转化 4 个环节。

感知力是指我们与生俱来的能力，我们通过感知力去了解这个世界、了解周围出现的一切新的情况。感知力就像一根敏感的神经，它与外界相连，随时会牵动着我们，也就是所谓的牵一发而动全身的概念。如果我们去压抑情绪、忽视情绪，那就是一叶障目，缺乏情感体验的人也无法体验他人的情绪，缺乏共情能力，会让人际关系触礁。最好的方式是我们要去训练感知力，不断地内观自己的身体和情绪，感受情绪的起伏和波动，了解自己的情绪规律，做到与情绪知己知彼。

控制并不是抑制也不是制止。控制是一个动态的状态，我更喜欢用“调节”这个词，随时根据我们内观到的情绪的变化而随时进行调节，从而达到控制的目的。而控制只是阶段性的，譬如，我们不在公众场合爆发自己的愤怒，不在长辈面前展示自己的冲动，但是随后，我们需要给情绪留一个阀口，或者是给予情绪一种排解的渠道，在一个让我们感觉安全的地方，让他们充分地释放和表达，就如同大禹治水不在堵而在疏，情绪也是如此。

表达与转化的方式有很多，我们可以痛哭一场或者大吃一顿，也可以大汗淋漓地肆意奔跑一次或者来一次说走就走的旅行……总之，我们需要找到一种方式，让我们的情绪“流”出来，只有这样，才能让情绪在身体里畅通无阻。

同时，我们还需要让孩子拥有给自己积极情绪的能力，能够为自己创造更多的积极的情绪。

芭芭拉给出了 11 种提高积极的情绪的方法。

1. 真诚是重要的

要挖掘发自内心的、由衷的积极的情绪。要放慢脚步去感受。那些不能被感受到的，不能在你的心里和身体上留下印记的积极情绪，是空洞的，不仅没有好处，还有可能带来坏处。

2. 找到生命的意义

在你的日常生活情景中更加频繁地发现积极的意义。寻找一线光亮、一丝希望。意义就是解释，是你构建出来的道理。生命的意义就是你给自己讲述的关于你的一生的故事。

3. 品味美好

有意识地创造、强化并延长对美好事物由衷的享受。要放慢节奏，用心感受，整体地感受，不要分析。品味美好的习惯与个人的自尊有关，觉得自己“配得上”美好事物，会更主动地欣赏和品味美好。这种自尊可以慢慢培养。

4. 数数你的福气

将看似平凡的事情转变为福气，你会觉得生机勃勃，收获满满的喜悦。每周可以抽出几天，记下当天发生的、让自己觉得美好的事情。美国脱口秀女王奥普拉推荐一种方法，每天写下自己热爱的 5 种事物，奥普拉说这样能够改变你的人生观。芭芭拉也指出，这样的练习的确能增加积极的情绪。

5. 计算善意

善意和积极的情绪相辅相成，认识到自己的善意举动就能启动这种良性循环。每周集中几天做几件大好事会很有帮助，分散开效果就差一些。要变着花样做好事，想办法保持新鲜感，例行公事会让积极的情绪降低。每周或每月固定一个下午或一天去做好事就是好办法。

6. 追随你的激情

去寻找能带给自己心流体验的活动，全身心地投入能带来满足感和成就感的事情中。

7. 梦想你的未来

构想自己的未来，对其进行详细描述，这有助于管理你每天的目标和动机。当你形象地想象某种活动时，你的大脑当中负责那种活动的脑区会被激活，很多优秀运动员会用想象来进行高难度的练习，道理就在这里。

8. 利用你的优势

每天都有机会做自己最擅长的事情，最容易过上欣欣向荣的生活。怎么找到自己的优势呢？芭芭拉讲了两种方法，一种是塞利格曼和彼得森创造的个性优势测验；一种是密歇根商学院的“反映最佳自我的练习”，就是咨询最熟悉你的人，让他们描述最佳状态的你。你可以从中发现能够带给自己高峰体验的事情，更频繁地重复这些事情。重新制订你的工作或日常生活流程，深入并反复实行你的个人优势，积极的情绪就会既稳定又持久。

9. 与他人在一起

芭芭拉写道，没有人能够孤立地实现他的全部潜力。良好的社会关系会增加积极的情绪，这是很多实验都证明了的事情。芭芭拉指出，不一定要天生外向或表现得外向，只要培养温和的性情和同情心，就能够在日常交往中获得更多的积极情绪。

10. 享受自然的美好

研究发现，好天气时在外面活动 20 分钟以上就能明显增加积极的情绪，那些常年在室内的人则不受天气的影响。后续研究发现，每一个在好天气里外出的人都表现出更多的积极情绪和更加开阔的思维。只有在春季和初夏才有这样的影响。不过，不管什么时候，适度进行户外活动都会让你看得更远，思路更开阔，心情更美好。

11. 打开你的心灵

保持开放性会触发积极的情绪，积极的情绪又会开启思维，两者齐头并进。有两种途径，一种是进行冥想练习；一种是那些会制约和拆分体验的思维习惯。

除了觉知力冥想练习外，芭芭拉特别提及了仁爱冥想练习，把温暖柔和的同情引向自己，然后把这种情绪导向不断扩大到与其他人组成的圈子。这种练习能减少沮丧情绪，提高生活满意度，让人更容易接受自己，也更能够信任他人。

最后，积极的情绪还会抑制消极的情绪，就像按重启按钮，让人恢复活力。那些保持乐观的人并不是没有消极的情绪体验，他们的消极情绪也并不少于他人，区别是，他们在面对消极情绪的同时还体验着积极的情绪，他们在积极情绪的带动下，带着希望和感恩的心态面对着压力与恐惧。

总之，情绪改变着我们的大脑，也改变着我们与世界互动的方式，让我们慢慢在情绪中遨游世界吧！

第二节　沟通：最需要示范的社交技能

沟通是社交的核心，也是人与人建立关系的基本方式。能够与人恰当地沟通、表达自己的情感和需求，是孩子应该拥有的基本素质。如果可能，我们应该在幼儿早期就开始进行沟通技巧的指导。如果我们认为孩子可以自行掌握沟通技巧，而无须学习，恐怕我们的孩子会在未来的社交道路上多花费一些时间。

沟通是什么

沟通是指一个有机体将信息传达给另一个有机体，并对其产生影响的过程。不仅人类可以沟通，动物之间、昆虫之间都可以进行沟通。它们依靠声音、手势等信号，传递危险、问候、集合等特殊信息，这与早期的人类非常类似。人类在发明语言之后，沟通内容变得丰富而充满着变化。

沟通的发展

语言并不是沟通的必需品，儿童在生命的早期，在他们还没有开始掌握语言时，就已经开始跟家人沟通了。7 ～ 8 个月大的孩子在同伴说话时就会很安静，等到对方说话停止时，他们就会发出呜呜呀呀的声音作为回应，很明显，在这时，他们就已经懂得了沟通的一般规则——当别人说话时，不要插嘴。

父母对着孩子说话，然后孩子发出声音，父母再发出回应，孩子又会有新的反应，就在这样的交替中，孩子逐渐学习了沟通的基本特点——交替性。

研究者发现，对孩子来说，有组织的社交游戏比无组织的社交游戏更能激发他们的兴趣。他们在游戏中可以逐渐掌握沟通的交替规则，通过游戏里的互动，可以让孩子认识到社交的规则性。

当孩子开始会说话时，他们会从父母这里学到更多的沟通规则，譬如，他们需要学习在提出需求时，要用礼貌的表达方式，他们也会从父母的日常沟通中，通过观察学习，来掌握沟通的基本礼节。虽然父母没有有意识地指导孩子语法，但是“请”“谢谢”这些与沟通礼节相关的表达方式已经开始在孩子的头脑中慢慢形成了。

学龄前的孩子已经可以清晰地表达自己的需求并且知道，如果期待沟通有效，他们必须调整他们的信息，来适合听众的需求。

沟通技巧的重要性

正如前文提到的，沟通的目的之一是传递信息，所以孩子需要掌握一些沟通方法，可以帮助他们清晰地表达自己的需求和感受。这可以让孩子日渐丰富的情感顺利地流动。

沟通技巧可以帮助孩子更好地与他人建立良性的关系，帮助孩子提高社交能力，收获友谊。

良好的口头沟通能力，也会对孩子的书面表达、写作上有帮助，这会提高他们未来的学业成绩。

掌握沟通技巧的孩子可以在沟通中收获很多乐趣，会与他人建立更有意义的、更有深度的信息交流，让他们学到更多感兴趣的事情，对于他们的成长有着很大的帮助。

在沟通上存在问题的孩子，有可能会出现焦虑、抑郁、社交恐惧、低自尊等心理问题。

孩子需要掌握哪些基本沟通技巧呢

眼神交流的重要性。沟通不仅仅是语言，孩子需要了解眼神是沟通的精髓所在。注视着他人，代表着兴趣和尊重，在沟通中如果眼神游移不定，一方面是对对方的不尊重；另一方面，如果是对方的眼神游移不定，说明对方已经对当下的话题不感兴趣了。

语速对沟通的影响。需要指导孩子清晰并且有节奏地表达。清晰的发音、正确的语法、恰当的语速，都会对沟通有一定影响。

打断他人说话是不礼貌的行为。孩子的注意力是短暂的，他们可能没有办法像成人一样，当一个安静的听众。但注意力是可以通过长期地训练而逐渐提高的，这需要我们对孩子提出这样的需求，要求他们不要打断他人的谈话，并且我们在家里也要做到这点，给孩子提供一个好的示范，让孩子学会专心地听和恰当地给予回应。

一些简单的推进谈话的技巧。对于语言掌握还不是很熟练的孩子，他们需要去了解一些基本的、可以让谈话继续的技巧，这对他们的语言的掌握也有促进作用。我们可以在平时就注意这方面的示范，例如，在孩子讲述事情时，恰当地微笑、点头，以及使用鼓励的话或者肯定的语句让他们继续说下去，都是一种传授技巧的方式。

如何“教”给孩子沟通技巧

传授孩子沟通技巧，并不是传统意义上的“教与学”的关系，我们更无须采用教科书式的、发号施令式的、教导式的这些相对死板的教授方法，我们可以尝试以下这些方式。

建立开放的沟通渠道。这是与孩子建立亲密型依恋关系和信任关系的基础，也是我们“教学”的基础。我们需要让孩子可以毫不犹豫地、轻松地在我们面前表达自己，这样才可以更好地了解孩子在沟通方面的特点，更好地了解孩子的需求。

让孩子充分地表达。语言是一种习得性的能力，需要孩子反复地练习才能够掌握。所以，我们尽可能地让孩子开口，让孩子有充足的时间来思考他想说的话，并且充分地表达他想传递的内容，告别“家长制”“一言堂”的家庭氛围。在孩子想要说话时，不要打断或者纠正孩子，过度地纠正和挑剔只会让孩子越来越紧张。

教授沟通技巧最好的方式就是父母的示范。孩子就像一块海绵，在不断地吸收父母的一切。因此，如果父母为孩子提供良好的口语表达范例，这对于他们的沟通能力会有极大的帮助。

在游戏中提高孩子的沟通技巧。游戏是孩子最好的学习工具，我们当然可以利用好游戏来提高孩子的沟通技巧。

一些可以提高孩子沟通技巧的游戏

打电话。我们可以在家里和孩子一起玩打电话的游戏。这个很适合家庭成员一起玩，或者是几个有孩子的家庭在聚会时，孩子们一起玩。可以让孩子们排成长队，从第一个孩子开始，一个一个地，用耳语往下传递悄悄话。从一个简单的消息开始，逐步到更复杂的游戏。

指示方向。这是一个非语言的交流活动。让孩子写下他想去的商店或者是公园的路线，然后按着他写的内容与孩子一起踏上旅程，到达目的地。途中，我们可以帮助孩子了解如何才能优化这条路线，或者聊一聊与沟通有关的事情。

描绘和讲述。找一个时间，跟孩子围绕一个话题开展交流游戏。譬如，让孩子用 5 句话描述一个他最喜欢的人、最喜欢的书或者城市。这样的活动可以帮助孩子锻炼词汇量、口头表达能力，增强孩子的自信心。

孩子喜欢听故事和讲故事，所以我们可以给孩子一组图片，让孩子发挥自己想象力，按着一定的逻辑顺序来排列图片并且描述这个故事。这对孩子的观察力、逻辑思维能力、表达能力、词汇量都是一个很好的提高。

演讲。这并不是训练孩子一些死板的表达方式，这个演讲是找一些孩子感兴趣的话题，让他们来表达自己的观点，譬如，健康、卫生、节约、环境等话题。让孩子提前准备一下，形式不限，并且自己也准备一份，与孩子一起交流观点，这会提高孩子的口语表达能力和未来的演讲能力，更重要的是，引发孩子对生活常见事物的思考。

情感假扮。给孩子几张卡片，每张卡片上有一种特定的情绪，如愤怒、悲伤、无聊、疲倦、快乐，请孩子用自己的方式表现出卡片上的情绪。这有助于孩子了解不同的面部表情、信号，这是非语言交流的线索，是对语言交流的一种补充。

“接球”游戏。这个游戏有助于孩子习惯于沟通的交替性。跟孩子一起，在将球扔向孩子时，提出一个问题（如最近在看什么书），当孩子接到球时需要回答这个问题，并在扔回球之前，再提出一个相关的问题。这个游戏有助于让孩子逐渐适应沟通的交替性的模式，逐渐学会继续对话。

角色扮演。让孩子找到自己平时交流会紧张的情况，例如，在食堂如何与其他孩子一起用餐。然后假装自己是食堂场景中的一个人，一起练习孩子可能会遇到的场景。这样可以让孩子在下次遇到同样场景时，更加自如地面对，也帮助孩子思考如何应对不同场景。

第三节　将心比心：看见他人，才能快乐自己

我家孩子从来不能体谅他人，这孩子是不是太自私了？是我们教育出了问题吗？

我看书上说，孩子要到9岁才能有体谅他人的能力，是这样的吗？

我很欣慰，现在的很多家长都会关注孩子的同理心的能力，家长也越来越意识到同理心对于孩子的健康发展和社会能力的发展，以及未来的友谊、情感的重要性。然而家长对同理心，或者说共情能力的理解也同样存在误区。

共情是什么

共情或者同理心是心理学最常出现的概念之一，我们可以通过下面的例子来感受一下什么是共情。

几周前收到儿子幼儿园老师的邮件，她发给我一张儿子拥抱一个在哭泣的小朋友的照片，询问我可否登在班级的年刊上。当时我被这张照片感动了，很开心地看到儿子表现出来的“共情”——对伤心的小朋友的安慰的举动。然而，就在昨天，当他和邻居小伙伴一起玩时，小伙伴摔倒在地上伤心地哇哇大哭时，儿子兴奋地跑来

跑去，边跑边笑，发出嗷嗷的兴奋的叫声。

对于同一个孩子，我们抛开他的不同的反应，其实他都是对其他人的苦恼产生了情感反应，这是共情的第一步。

共情又可以称作同理心，它是一种换位思考的能力，是一种将自己换作他人，并且能够理解或者感受他人正在经历的事情的能力。同理心意味着孩子：

理解他自己和他人是两个不同的个体，他人和自己的观点是可以不同的。

可以认出自己和他人的感受。

可以调节自己的情绪反应。

可以把自己换到他人身上，并想象他人的感受。

可以想到一个动作或者发生一个反应，去帮助一个人，让他感觉更好。

所以，对一个孩子来说，从看到或者察觉到一个人有情绪变化，到拥抱这个人，是需要一连串的头脑、心理、行为相互配合才能够完成的，这对孩子来说不是一个简单的过程。

共情在生活中发挥的作用

研究表明，共情是人们必不可少的生活技能。它是一个人可以理解自己和他人感觉的能力；它被认为是情商的重要组成部分；共情代表着一个人具有识别情绪、控制情绪和表达情绪的能力，这是高情商的表现。

研究还认为，共情能力会给家庭生活带来快乐，对友谊关系的建立有着极为重要的影响。一个善良、体贴和尊重他人的人，关心对方的感受、情绪，这样的人怎么会不让人喜欢呢?

对孩子来说，共情能力还是避免校园欺凌、促进校园和谐的最重要的因素，如果孩子都可以对他人的痛苦、快乐感同身受，就不会出现欺凌与被欺凌的现象了。所以，共情教育应该是学校重要的教育内容。

心理学家卡尔·罗杰斯在《论人的成长》一书中讲过这样一个真实的咨询案例。

一位妈妈带着一个问题少年去咨询罗杰斯，想要知道她儿子在学校里行为不端的原因。罗杰斯给这个问题少年做过几次咨询之后，认为这位妈妈对孩子的频繁拒绝是问题所在。但可惜这位妈妈一直被蒙在鼓里，没有意识到自己的问题。直到这位妈妈主动接受咨询，向罗杰斯大吐苦水，讲述她和丈夫糟糕的关系，以及生活中各种各样的烦心事。

在整个过程中，罗杰斯都一直耐心地倾听并给予关怀式的共情。

在获得充分的理解之后，这位妈妈和丈夫的关系有了很大的改善，令人惊喜的是，她儿子那些叛逆的行为也越来越少。可见，共情的确有疗愈人心、化解焦虑的作用。

影响共情能力的因素

共情能力是与生俱来的。早在孩子时期，孩子就已经存在这样类似共情的行为和表现。有研究显示，一个刚刚出生 18 个小时的孩子，就会对周围陷入痛苦（哭、叫）的孩子表现出一些回应。

气质类型影响共情能力。很多研究显示，孩子的共情能力与他们天生的气质类型有关，譬如，抑制型气质的孩子对于他人的悲伤可能表现得更加心烦意乱，而且在尝试调节自己情绪时，他们比非抑制型气质的孩子更有可能选择离开自己的同伴。

父母的教养方式对共情能力影响更为明显。例如，同情心差的孩子，他们的母亲会经常使用斥责、体罚、强制等策略对待孩子的伤害行为。反之，有高同理心的母亲，则通常会对孩子的伤害行为进行情感解释，通过让孩子了解自己的伤害行为给别的孩子带来了伤害，会引发他人的痛苦和悲伤，来逐渐培养孩子的共情能力。

依恋关系影响孩子的共情能力。对孩子来说，他们和照顾者之间的依恋关系，会直接影响他们日后对待他人的反应。安全依恋的亲子关系，会让孩子时刻处于一种积极的人际互动关系和奖励体系中，这对他们的安全感的建立至关重要。对于一个感觉到安全和被爱的孩子，他们会对情感的感受更加敏感，他们对他人的情感需求也更加敏感。研究人员认为，依恋的质量可以预测孩子未来生活中的同理心能力。

共情能力的发展

随着孩子长大，他们在生命早期积累和学习的共情能力开始展现出来。在学龄前，他们逐渐意识到自己和他人的区别，他们可以区分自己和他人的身体、感受和经历。他们的认知能力逐渐增强，他们逐渐可以站在他人角度开始思考问题。例如，一个1岁的孩子看到朋友不高兴，他可能会去找自己的妈妈来安慰朋友，但是在相同情况下，两岁半的孩子会去寻找他朋友的父母来安慰朋友。因为两岁半的孩子已经懂得，当他的朋友不开心时，是需要他自己的父母来安慰的。

在孩子六七岁时，他们开始有能力理解另一个人的感受，并且会为他们的朋友在感受悲伤时提供解决方案和帮助，真正的同理心开始出现。随着他们行为能力和情感能力的发展，他们一方面可以有能力处理自己的困扰；另一方面他们推己及人，可以将自己身上积累的经验和他人的需求联系在一起，帮助他人去处理情感上的困扰。这都是未来面对欺凌、不平等、种族主义等复杂道德问题、社会问题的情感基础。

高度共情的人的困扰

然而共情能力也会给人们带来困扰。研究认为，高度共情的人如同一块情绪海绵，对于爱、和平与幸福的感受比一般人强烈，他们过于敏感并且富有同理心，他们会吸收过多的他人的负面情绪，这会让他们感觉沮丧和疲惫不堪。

很多人并不知道自己是高度共情的人，他们无法区分哪些欲望、想法和情绪属于自己，哪些属于他人，这会让他们无法放松，始终沉浸在困扰之中。对于一些高度共情的人，他们的善良和温暖会吸引很多人接近他们，但是慕名而来的人未必都是善良的人，对于那些善于情感剥削、情感勒索的人，他们会利用高度共情的人的善良。所以，拥有共情能力的同时还要学会如何保护自己。

如何培养孩子的共情能力

共情能力虽然与生俱来，但是如果我们可以关注孩子的共情能力，并且给予一定的支持和引导，会对孩子的共情能力更有帮助。

帮助孩子学会说出自己的感受，因为了解自己的感受是体会他人情感的第一步。与孩子讨论他人的感受并一起分析原因，这有助于他们学习情感表达，并且学会考虑他人的观点和情感。

譬如，在一起看绘本、书籍时，我们可以在恰当时，启发式地问孩子：他是难过了吗？他为什么哭了？该怎么帮帮他呢？

可以在家里饲养动物或者植物，让孩子照料动物或者植物的成长，有助于孩子理解帮助另一种生物生存、繁衍的快乐，会对孩子理解同理心有帮助。

与孩子一起读书，书中会有大量描绘人物心理活动、情感的段落，这会让孩子将情感、行为和角色、故事之间建立联系，帮助他们理解情感、体会情感。

第四节　积极沟通：家长和孩子都受益的表达

正如我们在前面章节提到的“暴力沟通”带给孩子的诸多影响，那么对孩子来说，如何表达才能够在社交方面帮助他们呢?

我们先看一组表达方式：

“我认为这是个馊主意。”

“这车修好至少要一周。”

“我认为这个太贵了。”

我们再看另一组表达方式：

“我觉得这不是一个好主意。”

“下周您就可以用上这台修好的车了！”

“这个价格有些超过我们的预算。”

什么是积极沟通

在表达同一个意思的前提下，表达方式的不同，听到的人的感受也会不同。积极的表达传递了积极的观点；相反，消极的表达也会将情绪和态度传递给对方。

积极沟通是一种以积极的方式传递信息的沟通方式，这里的积极是指沟通的方式而不是沟通的内容。积极沟通传递的信息内容不仅可以是积极的信息，也可以是消极的信息。

积极沟通是沟通技巧中较为重要的一部分。它之所以重要是因为，积极沟通传递一种积极的态度，这种态度不仅会对听到的人产生积极的影响，对于说出的人也会产生积极的影响。俗话说："心有善念，口吐莲花。"积极沟通是表达者心中的积极态度的传递者，是表达者对待生活、事件的积极的看法，这种积极的态度会直接感化接收者。

积极沟通可以让听众受到积极的影响，会让接收者积极地的响应并且采取行动。积极沟通还具有将消极情感转化成积极情感的能力，可以帮助表达者形成一种积极的印象。

积极沟通的好处

积极沟通让我们与孩子的沟通更有效。对家长来说，与孩子建立积极沟通模式格外重要。积极沟通可以让我们和孩子的沟通更有效，让孩子更容易接受。

"不吃完饭就不可以出去玩！"这让孩子处于一个被动的情景，语气中传递着命令和强迫。

"吃完饭后就可以出去玩了。"同样的意思，这种表达方式传递给孩子的内容是：你可以出去玩，我并不阻止你，只是需要先把饭吃完了。

避免孩子产生抗拒心理。我们跟孩子沟通时，更多的是期待孩子可以"听妈妈的话"，让孩子按照我的意愿去做。然而，这种急迫的心态，会通过话语直接传递给孩子，让孩子感受到压迫，自然而然地产生了抗拒心理。

积极沟通的方式是先解决情绪，我们的出发点并不是让孩子听话，而是要先处理好自己和孩子之间的情感关系，让孩子感受到自己对孩子的关注，对孩子关心的事情的关注，这样孩子反而会放下抗拒心理，接受我们的意见。这也是积极沟通的力量。

言传身教，让孩子沉浸在良好的沟通方式中。如果我们使用积极沟通方式与孩子建立沟通模式，那么这种沟通习惯也会传递给孩子，内化成他们的表达方式。正如前面章节提到的，沟通是一种习得性行为，可以通过反复的练习、学习，一点一点地提高并形成自己的模式。

积极沟通是一种积极的心态。积极沟通需要表达者不断地从事件中找到积极的方面，并用语言表达出来，传递积极的情绪和态度。因此，表达者需要不断地从积极的角度看问题，带有积极的心态，这样才能够将这种积极的能量传递。也许我们命令式的、威胁式的话语可以让孩子短时间内服从我们，但是这种带有指责、评判的语句，带有消极的心态，也会在无形中传递给孩子。

积极沟通并不是不生气

我们在与孩子相处时，会遇到这样的情况，平时没什么事时，孩子和家长都是和和气气、相亲相爱的。有时，孩子有点儿小问题、小毛病被家长看到了，心中有不满，又担心总批评孩子会让孩子“皮实”了，以后不好管了，便一忍再忍，直到遇到严重的事情，我们内心的小火苗一下就被点燃了，冲孩子大吼一顿，甚至大打出手。可是气头过了，又马上觉得后悔，不断地自责，觉得自己不是个好妈妈，跟孩子一般见识。我们就在这样忽好忽坏的情绪中反复，自己觉得不舒服，孩子的情绪也跟着起起落落。

在积极心理学中，生气并不是一个负向的情绪，相反，生气也是有正面意义的情绪。我们如果内心认为生气是不好的事情，一味地控制自己，不让自己在孩子面前生气、流露负面的情绪，这也是不现实的。

情绪像流动的水，需要疏而不能堵。生气也是这样，我们不是不能表达自己的生气，而是应该学会如何恰当地表达生气，积极沟通就可以帮助我们。

“你从来不听我话！”“你这么做太过分了！把我放在眼里了吗？”“我懒得理你！”实际上，我们要表达的意思无非就是“你这么做，我很生气”。但是我们却把这种简单的“生气”加上了“你不听我话”“你是个过分的人”“我拒绝你”这些复杂的、消极的情感，这不是好的沟通方式。

所以，积极沟通的方式是，我们可以直截了当地告诉孩子：你这么做我很生气，我很难过，我很震惊，我很害怕。

拒绝也可以积极沟通

有很多家长会找到我们，他们渴望赞赏孩子，渴望控制自己的情绪，但是每当面对孩子时，面对孩子顽皮的举动时，很多负面的情绪、话语脱口而出，最后还是以不积极、制止、喝止的方式草草收场。

当我们面对着一个顽皮的孩子时，我们的确不能一味地由着孩子，顺着孩子的心意去做，这不但是因为我们做不到，而且一味地由着孩子，这种放任不管的教养方式，对孩子的成长也是不利的。孩子的控制能力还没有达到成人的水平，他们需要成人帮助他们逐渐学会调控自己的行为。所以，该说“不”时，我们还是需要及时地说“不”，只是表达方式上，如果我们采用积极沟通的方式，可能会收效更好。

譬如，不准看电视了，快写作业去！看你这样是写不完作业的！

我们可以尝试转换成：孩子，先写完作业再看电视，这会让你看得更踏实。

譬如，别玩了，赶紧吃饭！

我们可以尝试转换成：快点儿吃，吃凉饭对你的肠胃不好。

譬如，不准在户外的地上打滚！

我们可以尝试转换成：外面的环境不安全，打滚可能会染上病毒，让我们生病。

如何进行积极的沟通

避免使用负面的词。这是最简单的技巧，但是也是最难以实现的部分。但是我们可以通过不断的练习来完成。我们可以先尝试在表达中回避出现“不能”“不会”“无法”“不可能”等词语，尝试避免使用否定词，但传达相同意思的方式来表达语句。譬如，如果不完成作业，就不可以去夏令营。可以转换为，如果完成作业，就可以去夏令营。

尝试寻找事情中积极的一面。即便事情整体的结果是消极的、不理想的，我们也可以找到里面积极的点。尝试寻找事情中积极的点，并在沟通中表达出来，这样获得的沟通效果会更理想。譬如，孩子很想你陪着玩，但是你正在做饭、急于料理家务，还有一摊子公务等着熬夜处理，实在无法分身，相较于此时直接拒绝孩子，告诉孩子“我现在很忙，没有时间陪你玩”，更好一点儿的方式是：“我知道你很希望妈妈陪你，等妈妈做完饭之后，陪你好不好？”

避免强求和强迫。这对孩子来说格外有效。孩子都是“顺毛驴”，他们叛逆的内心，在面对强迫和强求时，会格外的逆反。在我们想给孩子提要求时，请放弃“你必须”“你应该”“你不应该、你为什么不能”一类的听起来很有力度但是充满了强迫意味的语句。尝试把自己的姿态放低一点儿，忘记自己的身份，放到跟孩子一样的高度，使用“我们可以”一类的语句，这不仅是积极的表达，还更激发了孩子的积极性、主动性。

及时地肯定孩子的意见和建议。每个人都期待自己的意见被采纳，孩子也是一样的。当孩子提出自己见解或者意见时，即便他们的意见或者建议很不成熟，或者从我们的经验来看，一定是以失败的结果告终，我们也需要肯定孩子积极思考的行为。虽然他们给出的意见不见得可行，虽然他们的方法不见得是恰当的，但是他们敢于思考、敢于表达的行为是值得肯定的，我们需要及时地给予鼓励和认可。

第五节　倾听是一门艺术

上周，儿子突然很认真地对着正在看手机的爸爸说："爸爸，你必须用眼睛和耳朵听我说话。"爸爸当时一愣，然后笑着收起了手机，说："好的，亲爱的，你现在可以发表意见了。"

显然，儿子已经通过他的方式（如果没猜错的话，应该是幼儿园的活动中学习到的），了解到了什么是倾听。

什么是倾听

我们每天都在用耳朵听，早上我们被闹钟叫醒，坐起身来，听到窗外咕咕的鸟叫声和面包机做好面包的蜂鸣声。出了家门，车辆引擎、走路、电梯、广播、电话，办公室里的打印机、扫描仪、电脑键盘、同事的电话……我们被充斥在各种声音里，我们无时无刻不在听。

但这些都不是倾听。

倾听没有这么容易发生，即便我们面对面坐在一起，有一句没一句地聊天，倾听也并不一定在发生。

沟通专家朱丽安·特雷热在他的 TED 演讲上曾指出："我们正在逐渐丧失倾听能力，虽然我们在交流过程中有 60% 的时间在听，但是我们恐怕只听到其中的 25%。"

倾听不仅仅是听、听到，还包括理解和反馈。它是一种看似安静的却具有传递情感能力的行为。用耳朵听到对方说出的话，用眼睛看到对方的肢体语言，用头脑来分析理解对方想要表达的内容，用嘴发出极少的语言去影响对方的表述，用肢体语言去带动整个倾听的氛围，用内心去接纳对方，剔除心中的评判。倾听是调动全身参与的一种行为，是一项系统工程。

倾听对我们有什么影响

良好的倾听有助于提升亲子关系。我们经常会遇到这样的困扰——为什么孩子不肯“听话”。我们希望孩子“听话”，其实就是期待孩子可以听到我们说的话，并且按着我们说的话的要求去做。但是现实是，孩子拒绝“听话”，或者无论我们说什么，他们的耳朵好像都闭上了，完全“不听”。

孩子拒绝听我们讲的内容，可能是孩子的需求与我们的需求相互矛盾甚至是存在冲突。孩子拒绝听我们讲的内容，说明孩子心中有压力和困惑，甚至是不满的情绪，这些情绪困住了孩子，让孩子变得反抗和抗拒，导致情感阻断，孩子不想听我们说话，沟通也就无法发生。

然而倾听这时可以解决这个堵塞。倾听不仅仅是听，它更是一个沟通的过程，它是一个连接，或者可称为桥梁，它让孩子可以开口表达或者让他们可以接收信息，从而让情感可以在孩子和父母之间畅游。我们爱我们的孩子，我们关心他们也担心他们，然而我们需要方法让孩子收到我们的爱。同样，孩子也像我们一样爱着我们，我们需要给予他们方法或者搭建桥梁，让他们可以传递出他们心中的爱，而不是用拒绝、反抗来阻挠爱的流淌。根据研究显示，父母主动倾听时，孩子通常会感到更多的支持和更少的控制。所以，我们需要用温暖的爱把孩子从封闭中带出来，带到交流的模式中，去倾听孩子的话，不带有评判地、全心全意地去听孩子的感受、孩子的体会。这会让孩子感受到温暖、接纳、尊重和真诚，孩子才会打开情感的大门，让情感流淌出来。

良好的倾听能力是沟通的保障。沟通一部分是表达，另一部分就是倾听。倾听的重点不在于听，而是在于听到后的理解和反馈。根据研究显示，人与人大多数的交流（约为 92%）都是非语言的沟通。当我们主动地倾听时，我们除了接收到语言信息外，还可以通过对方的语气、眼神、面部表情、肢体语言去发现他们隐藏在语言信息后面的内容——情感信息，这有助于提高听者的同理心，也会让沟通更有深度和更有效。

良好的倾听可以与表达者建立更深入的关系。即便不是亲子之间，朋友之间、同事之间、同学之间，哪怕是路人，如果可以建立良好的倾听关系，那么听者与表达者之间的关系也会变得更近和更深刻。研究发现，人们在被动听的情况下，没有办法给予表达者任何积极的、有效的反馈，这会增加表达者和听者之间的紧张感。如果是良好的倾听关系，听者会在表达者说话的同时，给予即时的反馈，类似于“嗯”“是的”“对”“太对了”。听者也会通过眼神、无意识地点头表达“请继续说下去、我还有兴趣、我还有耐心”的含义。有时候听者的提问会让表达者产生更强烈的表达意愿，这会让谈话更加深入，也会带动彼此的关系进入更深的层次。

倾听有时会被阻碍

倾听意味着敞开身心地去感受对方，让对方的情绪流淌出来，给予充分的空间、时间，让表达者进行充分的表达和释放，然而我们有时发生的一些下意识的行为，会阻碍倾听行为的发生。下面我分享自己微信群的一个例子。

很小的一个微信群，不超过10个人，都是孩子的妈妈。有一天，一个妈妈在群里说自己的孩子不听话，越不让他做什么，他就越想做什么。这时，群内的反馈纷纷而来。

A: 这才刚刚开始，等你儿子到了我儿子这么大……

B: 哎呀，小朋友是有点儿不懂事，他是不是哪里不舒服了？有没有给他示范动作？他心情好的时候也这样吗？

C: 别太郁闷了，会好的！

D: 你应该少约束他，越约束他，他就……

E: 哈哈哈，你说这个让我想起我儿子小时候……

这种表达方式我想我们每个人都会遇见，安慰同情、刨根问底、分析原因、给出建议……大家纷纷地开始各抒己见，两肋插刀地准备“帮助”这位表达者了。

然而这些表述其实都是在阻碍真正的倾听。

非暴力沟通专家马歇尔·卢森堡在他的《非暴力沟通》一书中，曾经给出阻碍倾听的一系列表现。

建议：你应该……

比较：你这不算什么，我当年经历了……

说教：你这样做，你会得到……

安慰：这不怪你，你已经尽力了……

回忆：你说的这个，让我想起了……

否定：振作点儿，高兴起来！

同情： 哎……你真是好委屈……

询问：这是怎么发生的？

辩解：我想早点儿联系你的……

纠正：事情不是这样……

表达者倾诉自己的经历，寻求的是理解和支持，他们只是需要找到一个出口，让他们内心起伏的情绪流淌出来，而并不是指手画脚的帮助——毕竟你不是心理医生也不是人生导师。

如何训练孩子主动倾听的技能

积极、主动地倾听是一项可以通过学习和演练来不断提高的技能，孩子都可以通过一些方法来提高主动倾听的能力。

首先做好榜样。就像任何习得性行为一样，我们需要做好孩子的榜样，用我们的行为告诉孩子什么是积极、有效的倾听。每一次与孩子说话时，我们都需要放下手机，排除与本次沟通无关的所有的干扰，带着理解和包容，抹杀掉评判和指导的欲望。提出能引发孩子思考的问题，并且重复孩子陈述内容的重点，这都是积极沟通的模板。

简单好记的模板。不要让孩子在摸索中前行，告诉孩子积极倾听的具体步骤和模板。例如，积极倾听的5个步骤：①用眼睛盯着对方；②闭上嘴巴；③稳住身体；④开启耳朵；⑤准备学习。这些简单的、有概括性和指导性的步骤，会让孩子更容易习得倾听。

通过小游戏来提高孩子的倾听能力，这里给出几个游戏。

1. 西蒙说：这是一个经典的游戏，我们也可以在家里一家三口玩起来。训练孩子的注意力来练习聆听。一个人来当西蒙发出指令，其他两个人根据听到的指令来做出相应的动作。例如，西蒙说，单脚站立！

2. 讲故事：每个参与的人轮流讲故事。例如，第一个人可以从“很久很久以前，有一个小矮人……”开始，第二个人必须利用自己的倾听技巧，将第一个人讲的内容融合到自己的故事中，然后继续讲下去。

3. 打电话：经典的游戏，几个人玩都可以。让孩子仔细听，然后重复他们听到的内容。

4. 猜物品：一个玩家在头脑中想到一个物品，由另一个参与者（几个也可以）提问，问题不能超过20个，第一个玩家只能回答“是”或者“不是”，提问的小朋友根据问题和答案来猜测玩家头脑中的那个物品。这是训练孩子听到信息并写分析、组合信息的能力，也是锻炼孩子的注意力。

5. 托盘游戏：在一个托盘中放上几个物品，让孩子观察10秒钟，然后用毛巾覆盖，同时从托盘中拿走一个物品。再次掀开毛巾，让孩子猜出缺少的东西。这是训练孩子的观察力和注意力。

6. 正念训练：正念训练是一种精神训练，强调有意识的觉察，将注意力集中于当下，并且对当下的一切观念都不做评判。感兴趣的父母可以自行学习相关内容。

第六节 冲突宜解不宜结

无论我们如何避免，孩子之间的冲突还是会经常上演。上一秒还互相嬉戏、玩作一团，下一秒就扭打在一起，拼得你死我活。特别是幼龄儿童之间，抢别的小朋友玩具、自顾自地玩却打扰了其他小朋友的游戏、手没轻没重地弄哭了别人家孩子……我们总想后退一步，让孩子自己解决问题，可是真当问题来了时，特别是自己家孩子处于弱势时，我们却很难全身而退。

当孩子无心推倒一起玩的小伙伴，小伙伴哇哇大哭，家长怒气冲冲地跑过来指责自己的孩子时，我们还能坐得住板凳，让对方家长指着自己的宝贝骂吗？

当孩子在幼儿园，被小朋友故意打了，看着孩子青一块紫一块的胳膊，我们还能沉得住气说出“没事，孩子的问题就让孩子自己解决吧”这样的话吗？

当面对孩子之间的冲突时，我们该站在怎样的角度？是判官，保护者，还是旁观者？

孩子之间的冲突是自然的流露

心理学家发现，婴儿时期就会出现愤怒和打人的现象。心理学家卡普兰和他的同事发现，当一个孩子抓住了另一个孩子也想要的玩具时，这两个孩子的态度就会非常的强硬，即便是再给其中一个孩子提供一个完全相同的玩具，他可能也会视而不见，而是继续试图制服对方，获得玩具。这意味着在 1 岁左右时，孩子的冲突就开始了。

孩子早期的冲突，一般都是围绕着抢夺玩具而开始的。心理学家古德纳福发现，没有具体对象的发怒在 2 ～ 3 岁时出现得越来越少，孩子已经开始在玩伴妨碍自己或者攻击自己时，运用自己的身体进行反击了。身体攻击会在 3 ～ 5 岁时下降，但是嘲笑、说坏话和诽谤、起外号等行为随之增加。而矛盾的焦点大多与玩具或者其他有价值的资源相关。

每一次冲突的发生都是一次学习的机会

当孩子发生冲突时，特别是幼儿期，我们很多家长会非常震惊——孩子为什么会打人？会自责——是不是自己教育失败了？会担心——孩子会不会是攻击型人格？

其实冲突的发生就像建立友谊一样，都是帮助孩子学习社交技能、逐渐步入社会化的好的机会。

在他们发生冲突时，我们可以给流泪的他们一个拥抱来安慰他们激动的情绪，也可以命令孩子擦干眼泪来停止他们的情绪流淌，但是这些都不是好的办法，这会让我们的孩子错失一次学习如何面对冲突、解决冲突的机会。

当孩子发生冲突时，我们要把握住这个练习的契机，因为越小的孩子发生冲突，他们受到的肢体伤害就越小，代价就越低，我们还可以更早地介入冲突，帮助他们学习面对冲突，学习解决冲突的办法。

区分冲突与霸凌

孩子之间的冲突是偶尔发生的，人员并不固定，霸凌则不是。

霸凌是校园里最常见的一种反社会行为，是一种长时间持续的、会对孩子身心造成极大影响的行为。与冲突不同，霸凌的人员一般是固定的，甚至是众所周知的，霸凌者不会只针对一个人发生冲突，孩子们通常都会清楚学校里那个喜欢欺负他人的孩子。

在孩子回家说自己被欺负时，我们首先要区分孩子是与人发生冲突还是被人霸凌。通过询问孩子经过，询问其他家长或者老师，就可以得到一个基本的判断。

米歇尔·奥巴马在自己的《成为》一书中提过一段自己童年的往事：她因为自己是黑人的身份，经常在外面被欺负。10 岁的她，喜欢上一个离家不远的社区，她很想和那里的小朋友建立友谊，一起玩耍，但那片社区有个被其他孩子捧上天的“霸王女”。“霸王女”一直不肯接纳她，每次她去社区玩，想和其他人套近乎时，“霸王女”就开始冷嘲热讽，指桑骂槐地奚落米歇尔。她忍了一两次，本来想不再去那片社区，但是性格里从不服输的她，选择了面对。于是她再一次勇敢地迈入了那个社区，想找“霸王女”进行理论。

当“霸王女”再一次对她言语攻击时，她顾不得理论，直接用父亲教她的拳打脚踢大法，朝那个女孩疯狂进攻，两人很快扭打在了一起。

这一举动让她在那一整条街出了名，人们纷纷过来劝架，好在最后两个女孩都没有受伤。只是通过这一架后，“霸王女”终于懂得什么叫作尊重，米歇尔也为自己赢得了在那片社区玩耍的机会。

以暴制暴或许是可以解决被欺负、被霸凌的方式之一，但前提是，我们需要让孩子在行动前，可以确保自身的安全。当对方过于强大、人数众多时，我们最好是用语言和表情表达自己对霸凌者的抗议，而不是选择肢体上的以暴制暴的方法去与之抗衡。

既然冲突无法避免，授人以鱼不如授人以渔，我们或许应该更早地帮助孩子学习解决冲突的方法，而不是在冲突发生时措手不及。

帮助孩子管理他们的情绪

孩子可以感知到自己的情绪，他们有时强烈，有时平静，在遇到争执时，他们感到愤怒或是沮丧。对他们来说，从出生的那一刻起，他们遇到情绪问题的唯一解决方式就是哭。饿了会哭，疼了会哭，不满意了还是会哭。他们并不清楚情绪是什么，也并不知道如何与自己的情绪相处。我们需要帮助孩子认知情绪，学习如何和自己的情绪相处，帮助孩子学习几个可以保持镇静的简单策略。例如，在感觉到自己愤怒时，深呼吸或者停止说话，心中默念 1、2 直到 10。这些都是让孩子逐渐学习解决冲突的重要内容。

学习恰当的表达和倾听

帮助孩子学习恰当的情绪表达方式，可以让孩子在发生冲突时，恰当地表达自己的感受和期待。譬如，“我知道我们现在都很生气，或许我们应该冷静下来，想想怎么解决”，或者类似“让我们讨论下，如何一起玩”这种可以获得双赢方案的解决冲突的表达方式。这都可以在发生冲突时，避免双方过于关注冲突的起因，或者归罪于他人，导致冲突升级。

成为一个好的倾听者也很重要，这一点我们在第五节也有详细的讲解。虽然让孩子之间相互倾听是很困难的事情，特别是在他们情绪上感到沮丧或者疲惫时。所以，让孩子先平静下来，再采取一些积极的解决冲突的策略，才是有效的办法。

共同寻找解决问题的方案

我们可以作为引导者，来帮助孩子体会如何共同寻找解决问题的方案，特别是对于年幼的孩子。把他们叫到一起，每个人谈谈自己的解决方案，并提醒孩子，每个人都有被倾听和提方案的权利。对于年幼的孩子，可以让他们集体做选择题，逐渐培养他们学习如何提出解决方案。

什么都不做地走开

告诉孩子，当他们无法处理或者没有办法时，可以选择走开，或者寻找家长或者一个他们信任的成人来寻求帮助，从而协助解决冲突。

利用角色扮演来帮助孩子学习处理类似情况的办法

角色扮演可以帮助孩子演练他们学习到的处理冲突的办法，让他们在真正面对冲突时，可以更加的自信和自如。我们可以陪伴孩子，充当演员，寻找合适的场景，如游戏场地、操场上，去模拟冲突发生时可能出现的语言、动作和情景，让孩子在快乐的情绪中掌握这些策略。

利用“过家家”来帮助孩子

“过家家”是想象游戏、象征性游戏的一种。让孩子利用他们的想象力，去扮演他们看见的、经历的事情，在游戏中，没有法则、没有规定的结局、没有目的或者结果。游戏为他们提供了一个强大的避风港，让他们的情绪流动，去发挥他们在他人那儿看到的、听到的或者是学到的，既包括社交互动，也包括冲突。在游戏中，他们处于掌控的位置，能够按照他们的想法设计时间、空间、人物，他们可以感受到一种力量感，这种力量感让他们可以有能量去弄清楚事物之间的关系，思考并且解决问题。

定期与固定的玩伴玩耍

定期的玩耍可以帮助孩子发展友谊，也可以让孩子从小环境——固定的场所，小群体——固定的玩伴，逐渐过渡到适应大环境——操场，大团体——熟悉的或者并不熟悉的同龄人，帮助孩子逐渐适应社交压力。

第七节　学会说“不”：划清友谊的界限

让孩子学会说“不”，似乎是个很可笑的主意。

从 2 岁起，到 5 岁，我们每天听他说的最多的一个字，应该就是“不”！

说“不”的好处

在一项关于“孩子成长”的研究中，研究人员指出，幼年的孩子（学龄前）每小时要跟父母吵架 3 ～ 15 次，研究人员认为孩子是通过与母亲争辩在学习如何谈判和证明自己的理由，这些技能最终会延续到他们与同龄人的相处中，成为他们社交能力的一部分。

研究认为，这个阶段的孩子意识到自己可以坚持自己的看法，与家长说“不”或者争辩，是他们获得自信的一种方式。

正如我们在前面章节探讨的“自我”的概念中提到的，孩子逐渐在成长的过程中找到自我，将自己和父母、其他孩子分化出来，逐渐从生理上、心理上意识到自己的存在，这是他们成长的需求。他们逐渐学习思考，并且逐渐开始有了自己的想法，他们不断地综合他们观察到的、听到的和行动之后父母反馈的内容，形成对自己的认知和自己的行为方式。他们想依照自己的方式做事，并且学会了说“不”，他们已经开始从行为上的抵制来拒绝他们不想要的。

现实与说“不”的冲突

然而在我们的文化中，却在与说“不”处处抗衡。“我们生活在一个习惯说‘好’的文化中，这种文化中，人们期待有望领先的人会积极进取，拥抱所有的机遇。”的确，我们有很多时候不敢说“不”，我们担心错过机会，我们想抓住所有的机会，生怕错失良机；我们不敢对权威说“不”，生怕暴露出自己的不够专业；我们不敢对陌生人说“不”，因为在我们的文化中，拒绝总是和不礼貌画等号；我们不敢对朋友说“不”，因为我们担心拒绝会给彼此关系带来潜在的威胁；我们甚至不敢对最亲近的父母说“不”，因为文化里告诉我们要“孝”首先要“顺”。

事实就是这样，说“不”并不是一件容易的事情。就连我们自己在面对我们的孩子时，也无法做到充分的自我表达。当我们看到 2 岁的孩子，坐在摆满了为他准备的午饭的桌子前，而他却摇着头、鼓着嘴说出“不”时，我们的情感不可抑制地蹦出：搞什么？！不吃饭你想做什么？！然后我们必须告诉自己平静下来，温和地接受孩子的真实想法和当下的念头，平静地接纳孩子当下的感受，我们相信一切孩子未来可能出现的心理问题，都跟我们现在对他们的态度密切相关，然后我们告诉自己要尊重孩子，尊重到要遗忘掉我们自己的真实的力量——甚至不敢对孩子说“不”。

在我们失去自我表达时，我们还在剥夺孩子的自我表达。不仅仅在我们的文化中，孩子对长辈、亲戚或者父母说“不”被认为是一种不孝顺的表现，在很多其他文化中，孩子拒绝亲人的拥抱或者亲吻，也被认为是失礼的。甚至在我们内心中也期待孩子可以去“取悦他人”——获得长辈的认可和喜爱。我们的行动也在默默地支持这种让孩子丧失自我声音的行为：为什么不热情地跟奶奶打招呼？见到阿姨怎么不说话？就是这样，我们一方面期待孩子的独立思考，可以坚持自己的看法；一方面一次又一次地期待孩子按着我们的想法去待人接物，成长为我们想要的样子。我们什么时候才能够放下这种“情感”上的期待，让孩子自己依照内心的声音，来表达自己内心的力量呢？

让孩子发出内心的声音，让他们感受到自己的能量，让他们知道自己有权利拒绝，即便是会带来他人的不满。让他们懂得听从自己内心的声音，守住自己的边界，这非常重要。让我们的孩子可以放心地自由选择，在面对他们不想做的事情，可以勇敢地表达出拒绝，这是我们应该给予他们的权利。同时，这与道德和礼数并不相斥，我们同样可以让孩子学会礼貌地拒绝他人。

如何让孩子礼貌地说“不”

剥离“不”与道德礼教的关系。我们要求孩子在做任何事情之前，要保持他们的身体、头脑和内心一致，我们不去强迫孩子做任何自己感到不情愿的事情，如在家里的拥抱。我们不去赋予拥抱任何道德、礼教的内容。拥抱只是代表当下我们想或者是不想跟父母亲近，这与爱、孝顺都没有任何关系。孩子可以选择想要一个拥抱或者拒绝拥抱。这是他们的选择，也是未来他们对自己的身体的保护和对陌生人示爱时的对话基础。如果孩子在家中都不敢发出自己的声音，在父母面前都感觉不到自己安全地被爱和被需要，他们如何在外面的世界做到这一点呢？

我们会尊重孩子的个人权利。越来越多的社交媒体可以让我们去分享为人父母的喜悦，特别是孩子小的时候，我们很喜欢去分享孩子的成长照片，但是随着孩子年龄的增长，我们应该在分享前询问孩子的意见，因为他们有这样的权利。

我们不去强迫孩子分享。虽然我们前面提到，分享是亲社会行为的基础，是孩子交友的利器，但是如果孩子不愿意分享，我们应该从心里接纳孩子的这个决定。推己及人，我们不会跟朋友分享我们的一切，我们的孩子也有权利这么做。

我们在家庭规则上给予孩子一部分权利和自由度。孩子可以在不影响自己身体健康、不影响他人的情况下对自己的事情做主。譬如，他们房间的布局、设计，他们自己的穿衣装扮，甚至他们看电视的时间和手机使用规则。我们很开心地看到孩子自信地拿着手机在客厅大声地打电话，而不是躲在自己的房间里偷偷地看手机。我们相信，压抑和过于严厉的家长制氛围下，孩子只会变得唯唯诺诺或者是异常的偏激。在平等和开明的家庭氛围中，我们可以保留住孩子的棱角的同时，获得孩子的尊重和认同。

我们保留自己对孩子说“不”的权利。在任何时候，我们都要以身作则，说“不”也是一样。我们不必去做完美的父母，也不必去刻意地迎合孩子，我们可以在孩子面前表达自己的真实想法，划清我们的界限。我们会用“我不想你这么做”来替代“你不允许被这么做”。“不想”代表我自己的不愿意，而“不允许”代表的是权威，你必须听我的，这与我们的家庭氛围不和谐。当我们和孩子遇到严重分歧时，我们会坐下来平静地沟通，来得出双赢的结果。当然，这并不容易，我们已经被阉割了太多的自我，我们甚至有时都不清楚这是“我”的边界，还是“我妈妈”给予的边界，还是社会给予的边界。

让孩子学会礼貌地说“不”。拒绝的方式有很多，说“不”只是最直接、最清晰的一种。很多内向的孩子很难直接、简洁地向朋友说“不”，所以我们需要给孩子一些技巧。

说明理由。“你的行为让我感到不舒服”“你伤害到我了”“请不要这样做了”……当孩子在一起玩嗨了时，很容易出现身体上的碰撞，特别是男孩。如果孩子直接冲着对方说：“你走开！你不可以这么做！”会让对方难以接受，甚至激怒对方。所以，表达自己的感受，让对方理解，会让“不”变得更加丰满且容易被接受。

延迟请求。当我们的孩子不想答应他人的请求时，又不好意思当面拒绝，可以选择这个委婉的拒绝方式，譬如，让我再想想，等下告诉你。

双赢的讨论。让孩子学习双赢的谈判思维，在社交中会非常受用。每个人都有自己需求、界限，但这并不代表需求和界限没有交叠。孩子可以坐在一起，通过沟通去找到这个交叠的部分，这会让每个人都感到快乐。

第八节　友谊在诚实与谎言间自由走动

“再不安静下来，警察叔叔来抓你了！”

“再不听话就不要你了。”

这是我们小时候最常听到的白色谎言。也许你认为这种老一辈吓唬孩子的方式我们已经停止了，实际上并没有。

“早点儿睡觉，晚了就会错过圣诞老人给你的礼物了！”

孩子也一样。儿子过生日，奶奶送给他一辆自行车，他一脸兴奋地收下，并且说：“这是我一直期待的礼物！”但是身为妈妈的我却知道，他一直想要的是最新出的乐高积木。

跟朋友之间我们也毫不吝啬地在说谎：“好久不见，你瘦了！”“哇，你这个指甲的颜色好有个性！”

从小我们就被教导要诚实，不要说谎话，可是我们最终还是成长为一个不仅会说谎话，还在用谎话哄孩子、用谎话社交的成人。

我们天生会说谎

加拿大麦吉尔大学的研究发现，孩子 3 岁就会开始说谎，5 岁会为了避免惩罚而说谎，7 ～ 11 岁，会借由说谎来保护自己和对方不受到伤害，也就是我们所说的善意的谎言或白色谎言。我们的确生活在谎言之中，我们其实比我们想象的更会说谎。

大文豪萧伯纳曾经说：“我们必须先把这个世界变成一个诚实的世界，然后才可以诚实地告诉我们的下一代‘诚实的确是最好的策略’。”这句话非常现实，也道出了我们生活在谎言之中的实情。

白色谎言也是谎言

为了区分谎言的目的性的不同，我们人为地将谎言分为黑色谎言和白色谎言。黑色谎言就是我们平时所说的彻头彻尾的撒谎，为了掩盖自己真实的想法，从自身利益角度出发的谎言。白色谎言也被称为善意的谎言，没有恶意、没有伤害性，甚至是从保护对方、体谅对方的角度出发而说的谎话。譬如，为了鼓励老人家好好生活、积极快乐，每次见到老人都说：您气色真好，越活越年轻。或者老婆做了一款新菜，即便是不那么对味口，也会为了鼓励老婆或者取悦老婆，笑着边吃边称赞。这些都是白色谎言，与黑色谎言一样，它们都是将一个误导信息传递给另一个人或者一个群体。

白色谎言的影响一直是社会学、心理学等专家关注的内容。新加坡南洋理工大学社会科学院的学者发表在《实验儿童心理学》期刊的研究指出，父母的白色谎言对孩子影响非常长远，父母越爱用白色谎言的孩子，在成年后也更倾向于说谎。希多认为，父母一方面自己使用谎言来对待孩子；另一方面却告诉孩子要诚实，这会让孩子对父母的言语感到矛盾。孩子会认为谎言是可以接受的行为，并在成年之后使用谎言。

也有研究团队为白色谎言站台，来自芝加哥大学布斯商学院行为科学副教授艾玛莱文指出，人与人之间信任的关键是善良和好的意图，并非诚实。白色谎言是一种利社会行为，除了说谎者应用心智解读，还要有同理心、善良、记忆力和想象力。康涅狄格州费尔菲尔德县的临床心理学家芭芭拉·格林伯格表示：“各个年龄阶段的人都有同情心，有时候讲些白色谎言可以保护其他人免受不必要的伤害。”“我遇到的大多数人都讲这些白色的小谎言，因为他们知道始终保持100％的诚实是无益的。”白色谎言并不是自私的谎言，它们是从对方的角度考虑问题，是为了帮助对方、让对方快乐的话。

的确，我们利用白色谎言来促进人与人之间的关系。当我们渴望和对方建立深入关系时，我们更倾向于同意他人的观点，即便是无法从中获得任何收益，我们也会这样做。

白色谎言的影响都是好的吗

一个谎话要用十个谎话来圆。这对于白色谎言同样适用。无论是怎样的谎话，我们都要做好圆谎的准备，这就是说谎话的代价。

闺密给儿子养了一条小狗，孩子非常喜欢，每天都跟小狗在一起。结果没多久，小狗生病死了。闺密觉得小狗死了的事实对孩子太过于残忍，怕孩子太伤心，就善意地跟孩子说，为了让小狗的生活环境更好，把它送到住在农村的姥姥家去了。孩子也没有说什么，只是默默地接受了这个事实。事后，孩子时不时地会问闺密小狗的情况，还让闺密给小狗买狗粮和玩具，快递给姥姥，闺密拗不过孩子，只能硬着头皮邮了快递，还要想象着狗的样子，继续给孩子描绘小狗的成长。过了半年，孩子总缠着闺密要狗的新照片，闺密只能继续撒谎，说姥姥不会给狗拍照，等他长大了就带他去看狗。闺密以为时间一久，孩子长大有了新的玩具、新的伙伴，小狗的事也就自然地淡去了，谁知道孩子不依不饶，寒假吵着要去姥姥家看小狗，这可难坏了闺密，只能继续编造谎言。讲到这儿，闺密说，早知道是这样，还不如当初就告诉孩子小狗已经死了的事实，现在变得更加难以收场。

影响亲密关系。那些看似无害的小谎言实际上可能会造成严重的关系破坏，包括对于让你感到困扰的事情说“还可以”、隐藏对他人的哪怕一点儿好感、在感情一开始隐瞒自己年龄或收入、信誓旦旦地表示“我和前任早就没有任何交集了”等。

善意的谎言可能透露着不信任。我们在跟朋友、亲人互动时，选择用善意的谎言来代替对事情真实的看法，譬如，父母早已感情不和离婚，却一直瞒着孩子，担心给孩子带来压力；家属不告诉患者病情实际进展，一味地认为患者无法接受，会消极对抗病情，然而却让患者在疑惑中度过每一天。

其实这是我们低估了对方的能力和不信任彼此之间的关系的表现。说出这些谎言的前提，是我们假设了，或者在我们内心中就认为对方太软弱、太脆弱、太顽固不化了、太不讲道理、太小了……我们不相信他们可以承受我们正在承受的变故，不相信他们可以接受我们已经接受的新知识、实情、真相，我们不信任彼此的关系，我们认为说出真话会对我们的关系产生威胁。

如果我们选择诚实呢

我们有没有想象过说实话、说真话的结果？

与其我们赞美老婆的烤火鸡很美味，不如说这对我来说是一种新口味，我喜欢新的尝试。

与其我们跟孩子说小狗去度假了，不如坦白地告诉孩子小狗的病情，让孩子接受生命的教育。

与其我们跟朋友说你的新衣服太漂亮了，不如说你的新衣服让你看起来很独特，很符合你的性格。

我们的确应该在说话之前多考虑对方的感受，但是我们是不是也可以多一点儿时间想想，自己为什么不能善意地表达我们的真实感受呢？

心理学家布雷尔博士曾在心理学期刊上给出这样一个案例。

一个女孩几个月没有见到妈妈，在这几个月中，女孩的体重明显增加了。在见到妈妈时，妈妈兴奋地赞美了女儿，认为她的女儿看起来棒极了。“虽然这位母亲看到孩子的体重增加，但仍然称赞女儿你很棒时，对方是可以接受的，因为这句话里充满了善意、保护和无条件的爱。”

谎言也好，诚实也罢，之于友谊、亲情，我们或许不该考虑那么多是非对错、非黑即白。我们需要一个平衡和明智的表达，而不是一味地出于友善而伪装得很虚假。

结　语

在这本书的最后，我想再谈谈成长。

让我们先回顾一下人一生的成长轨迹。

心理学家埃里克森曾提出著名的人格发展阶段理论或者心理社会发展阶段，他用 8 个阶段，概括了人的一生需要面对的成长问题。

婴儿期（0 ～ 1.5 岁）：这一阶段的主要矛盾是解决基本信任与不信任的冲突。这一时期，埃里克森认为，发展任务是培养信任感，即对周围世界和人的基本接纳态度。如果这一时期的孩子可以在环境中感受到温暖和舒适，那么这种美好的经验，就可以拓展到他未来的生活中，从对母亲的信任，扩展到对他人的信任。未来与人交往的安全感或者不安全感与焦虑就是这个阶段的主题。

儿童期（1.5 ～ 3 岁）：这一阶段的主要矛盾是自主与自我怀疑的冲突。埃里克森认为这一时期的儿童成长的基本任务是自主性。他们会不断地进行基本的独立性探索，如走路、吃饭、上厕所、穿衣服……以此来超越环境的限制，同时，他们会感受到内心的胆怯。这一时期，如果家长允许儿童按着自己的方式去做力所能及的事情，那么会帮助儿童形成自信和自主感。如果成人支配一切活动，那么儿童就会对自己应付环境的能力表示怀疑，并且对自己的行为产生羞怯感。过度保护会阻碍儿童这个时期自主性的发展。

童年早期（4～6岁）：这一阶段的主要矛盾是主动性与内疚感的冲突。这一时期的儿童的主要任务是发展主动性，他们需要获得家长的认同。他们通过发起一些有目的的活动、与人交往的互动，甚至攻击他人来表示自己的创造能力，并伴随着内心的矛盾。如果家长对他们过于限制，会让他们感到无力、无用、羞怯并且出现内疚感。如果能不断地给予正面反馈，则会让儿童形成主动性，帮助其将来成为一个有责任感和创造力的人。

童年（6岁至青春期）：这一阶段的主要矛盾是勤奋与自卑的冲突。这一时期的儿童的主要任务是学习（获得认知能力）和社交能力，他们通过前面阶段的成长之后，会把自己的精力投入学业、运动、社团活动、社交中。充分发展的儿童可以通过这一时期获得良好的社交技能和认知能力，获得成就感；还有一些儿童，他们因为前面的阶段没有顺利度过，没有办法很好的投入这样的活动中，所以他们自卑、缺乏自信、失败感重重。

青春期：这一阶段的主要矛盾是同一性与角色混乱的冲突。这一时期的青少年需要获得强烈的归属感，他们迫切地想要知道自己是谁、自己要往何方走去。他们不断地尝试自己的身份，看起来混乱且没有目的，但这对他们来说都是一种有意义的“折腾”。最终顺利度过的他们会收获自我，有舒适的自我感，明白自己是谁、接受并欣赏自己；没有顺利度过的孩子会出现角色混乱、变化不定的自我感，对未来的生活迷茫、不确定。

成年早期：这一阶段的主要矛盾是亲密感与孤独的冲突。这一时期的成人需要发展与他人建立亲密关系、承诺的能力。需要在亲密关系中不断地学习分享与合作、承担责任并放弃一些隐私和独立，学习关怀对方，同甘共苦。如果这一时期可以顺利度过，则会与他人建立亲密关系，如果失败会感觉寂寞、孤独，与他人交流会有无力感、否认需要亲密感。

成年中期：这一阶段的主要矛盾是创造与停滞的冲突。顺利度过青春期的成人，在这一时期会开始幸福充实的生活，他们的主要重心放在繁衍和养育下一代上。他们会将上一阶段对伴侣的责任感，延续到整个家庭、工作、社会和后代。这种生育感体现在关怀这种品质上，一个关心他人（特别是儿童）的成人，会在教育和指导孩子的过程中、在对社会的奉献中获得满足；反之，不关心他人的人，也就是只自我关注的人，会对过去和未来感到迷茫。

成年后期：这一阶段的主要矛盾是自我完善与失望的冲突。顺利经历前面阶段的人，再一次地回顾过去，他们会发现自己的体力、心力、健康都大不如前，他们需要自我调整，同时，他们也需要接纳自己的现状，获得一种圆满感。相反，如果前面某一阶段没有顺利度过，某些挑战没有解决，会有挫败感、焦虑、自卑甚至绝望。

从这 8 个阶段我们可以看出，人的一生充满挑战和矛盾，不断地出现危机、解决危机、发现自我、创造自我。无论是自己还是孩子，我们谁也逃不过这些阶段性出现的难题，每一个孩子、每一个家长、每一个家庭都是如此。我们并不是孤立的，也并不是独自面对的。每一个阶段都有它独特的需求，阶段与阶段之间不可逾越，如果个体想要成功应对发展阶段的冲突，那么就需要在特定的阶段成功地解决这个阶段的主要危机。

虽然看起来每个孩子的性格不同、特点不同、经历不同、成长环境不同，但是每个孩子都在自己的人生道路上，攻克一个又一个早已刻在生命里的关卡，没有捷径，也没有例外。

作为家长，我们总期待孩子成长得一帆风顺，我们从怀孕起开始期待，希望他们健康、顺利地降临；看着他们健康地长大，我们又期待他们聪明伶俐、乖巧懂事；当他们进入学龄，我们又开始为他们寻找更好的学习环境，期待他们的人生之旅开始在一个更高的起点上；我们期待他们学习好、朋友多、有一技之长，找个好工作、早点儿结婚……我们希望他们更优秀，拥有更多，错过更少……不知不觉，我们在把自己的想法、自己的期待一点一滴地注入孩子的成长之路上。

在条成长之路上，我们还给自己安排了很多责任和任务。我们除了给予孩子食物、水、美好的环境、关注和爱，我们还渴望通过训练方法，让孩子可以早早地爬行、站立、说话、自主进食、自主睡觉，成为社交达人、好学生、班干部、尖子生……一部分原因是我们要为孩子负责，让他们不要错失良机，走我们走过的老路，掉进我们掉过的坑里。另一部分原因是我们在给自己减负，希望孩子可以听话、乖乖地按着我们期待的样子去成长，这样就可以省心一点儿（多一点儿时间做自己的事）、少制造问题（不需要去解决问题）、让自己轻松一点儿。

然而这都不是成长，也不是成长的必需品。

成长是有生命力的，是一种内在的力量。这是自然界赋予每一个生命的天赋本能，人类也不曾例外。也许我们的激励、教育、策略会对孩子起到作用，但我们不该忘记，这些已经刻在我们基因中的内在的力量和每个人独特的能力、特定的禀赋，这些先天带来的活性只需在适合的温度——关注的爱和土壤——适宜的环境中就可以自然被唤醒。我们可以去激励孩子，但是什么样的奖励会比他体验到自己迸发出来的能量的感受更美好呢？这种感受同我们发现了自己被爱着、收到孩子精心准备的礼物、书籍出版那一刻、演讲唤起听众的共鸣时的感受是一样的。这才是触动灵魂的奖励和持续成长的动力。我们可以去帮助孩子，但是我们必须相信孩子拥有活跃的精神世界和渴望成长的能量，我们必须退居第二位，必须努力相信并且理解孩子，这样才能真正地帮助他们。我们必须控制自己，跟随孩子的引导，才能帮助孩子走向自己的成长之路。

成长并不是改变。一提到成长，我们首先会想到“变化”，让自己“变”得更美好，去除成长里的“梗阻”，让自己更完美。诚然，我们可以去回忆、深挖自己的成长路径，去追溯原生家庭带给自己的困扰，去看心理学书籍，对号入座到底自己有什么“病”、该怎么“治”，别让自己的“病”耽误了孩子的成长……这又把我们带入了另一个误区——焦虑的渴望改变，怕自己不变，就是堕落。

成长是接纳，接纳自己本来的样子。接纳自己的情绪、记忆、想法、冲动，接纳自己的不完美和缺陷，接纳自己的现状，接纳自己的过去、现在以及未来，然后从容地生活。这并不是自暴自弃，也不是安于现状，而是看见，就如看见太阳升起、落下，潮涨、潮落，月圆、月缺一样，看见我们自己的真实，然后继续好好地生活下去。当然，能够接纳自己的人，也可以更好地接纳他人。能够自我接纳的妈妈更容易接受孩子的天性，而这点还会遗传给孩子，孩子的自我接纳程度也取决于母亲的自我接纳程度。

最后，我想引用玛丽亚·蒙特梭利博士的一句话，来结束这本书的内容：儿童正在经历一个自我实现的阶段，我们只需为他们打开大门就已经足够了。